PARIS ET LE RADICALISME

La première impression que l'on éprouve à l'aspect de Paris est nécessairement un sentiment d'admiration pour ses richesses architecturales, pour ses merveilles artistiques, pour cet éclat où domine le bon goût, pour cette animation entraînante que provoquent incessamment la recherche du plaisir et le soin des affaires sérieuses.

Double mouvement que l'on trouve partout associé et qui donne à tout un air de fête.

Nulle part on ne travaille avec plus d'activité, nulle part on n'a poussé si loin l'art de jouir de l'existence, et c'est là le caractère le plus saillant de la physionomie de la grande ville.

Une impression toute contraire est celle que l'on ressent en considérant l'état de l'opinion, le cours des idées politiques, la déplorable direction donnée aux esprits. On ne peut, à cet autre point de vue, se défendre d'un sentiment de tristesse et d'effroi.

Pour peu que l'on plonge dans les profondeurs de la population, on est forcé de voir que presque partout fermentent et bouillonnent des haines sourdes, d'injustes préventions, des rancunes mal éteintes et, ce qu'il y a de plus dangereux encore, les aberrations les plus monstrueuses.

Les instincts de jalousie et de convoitise, les suspicions sans causes et les aversions inexplicables percent partout, et se lisent sur toutes les figures.

Le voyageur fraîchement débarqué peut les reconnaître dès ses premiers pas : chez le cocher qui le conduit ; chez le concierge qui lui ouvre sa porte ; et, lorsque dans ses pérégrinations il pénètrera dans les quartiers exclusivement occupés par la classe ouvrière, pour peu que son extérieur révèle l'éducation et la fortune, il ne trouvera que des regards malveillants. Il sera péniblement étonné, lui qui vient apporter son offrande à la prospérité de cette population, d'être considéré par elle comme un ennemi.

En toute occasion, ces étranges sentiments se font jour.

Nous ne parlerons pas de ces grandes explosions révolutionnaires que l'on voit périodiquement éclater sur cette terre, qui est cependant le lieu du monde où les motifs sérieux de guerre civile existent le moins.

L'énumération en serait trop longue.

Ce sont les circonstances ordinaires que nous voulons considérer.

Qu'il s'agisse, par exemple, d'élections municipales, départementales, législatives ou autres, la manifestation sera significative, et le résultat du scrutin viendra révéler le fond de la pensée de tout ce peuple.

Les candidats les plus violents, les plus excessifs, l'emportent fatalement.

Ils triomphent, ils sont acclamés.

Mais cette période de satisfaction mutuelle, cette lune de miel dure peu.

Au bout de quelques jours, les symptômes de défiance et d'impopularité se manifestent. Les élus de la veille sont accusés de modérantisme, de mollesse, de trahison.

De nouveaux concurrents, plus exagérés encore, surgissent, qui les dénoncent et les discréditent et certainement les supplanteront à la prochaine épreuve.

Et ainsi de suite, car cette progression ascendante va toujours son train. Si elle ne s'arrête pas, il y aura dans peu des conditions spéciales d'éligibilité pour les représentants de la capitale.

Nul ne pourra aspirer à ces fonctions, s'il ne justifie préalablement de quelque tare, de quelque stigmate, de quelque souillure; s'il ne fait preuve d'abjection; s'il ne prend pas l'engagement formel de concourir à l'œuvre qui est le but réel de toute cette agitation.

Ce but n'est pas ouvertement avoué, mais il n'en est pas moins connu et avéré comme le secret de la comédie.

Ce but, c'est le nivellement des conditions, la spoliation des riches au profit de ceux qui ne le sont pas, la proscription en cas de résistance; c'est l'escalade et l'effraction générales.

Tout candidat qui n'acceptera pas ce programme, sera déclaré incapable et indigne.

Et, en suivant ce déplorable cours d'idées, tout ce monde électoral, tout ce peuple croit être dans son droit, agir dans ses intérêts et exercer tout simplement de légitimes revendications.

Des imposteurs, prenant le masque de la gravité et le langage des publicistes, lui ont persuadé qu'il est victime d'un ordre social inique;

Qu'il est dupe d'accapareurs qui détiennent injustement pour eux tout le bien-être et toutes les jouissances ;

Qu'il peut aisément transformer de fond en comble cet état de choses ;

Qu'il lui est facile d'améliorer son sort et de l'élever au niveau de l'opulence qui se prélasse à ses côtés et l'éclabousse en passant ;

Qu'en établissant un équitable équilibre, il ne fera qu'user d'un droit imprescriptible.

Catilina, le vieux et éternel Catilina, Catilina qui, au fond, est le grand meneur de tout ce mouvement, Catilina qui, de nos jours, a changé de figure et se présente sous les dehors d'un apôtre inspiré, d'un ami dévoué de l'humanité, ajoute même, avec un air de pieuse componction, que c'est là un devoir sacré.

Telle est la question ; et dans les idées de cette foule il n'y en a pas d'autres. Tout le reste, du moins, n'est qu'accessoire et secondaire. Spolier les uns pour enrichir les autres, tel est le but, tel est le plan de campagne.

Ces honnêtes projets et ces philanthropiques systèmes, nous n'entendons pas les discuter au point de vue de la morale et du droit, pas même encore au point de vue des difficultés et des impossibilités de l'application.

Notre but est bien plus modeste et plus restreint. Il consiste tout simplement à démontrer que Paris, qui est le principal foyer de ces théories, serait entièrement ruiné et réduit à la famine par leur mise en pratique.

Qu'on nous permette donc, pour un instant, d'examiner ces doctrines comme si elles étaient réalisables et parfaitement honnêtes, de les supposer irréprochables en droit et en fait.

C'est exclusivement au point de vue des intérêts parisiens que nous voulons les discuter.

Et pour cela, commençons par rappeler une vieille légende.

Il y avait autrefois, dans un pays qu'il est inutile de nommer, une belle et splendide hôtellerie, si vaste qu'elle constituait à elle seule une cité.

Depuis un temps immémorial, elle avait pour clientèle tous les riches, tous les désœuvrés, tous les hommes de loisir, toute l'aristocratie des environs.

On y accourait du plus loin, car l'art du bien-vivre y était poussé au plus haut degré.

Quiconque, dans le voisinage et même dans un large rayon, possédait une part de superflu, venait là périodiquement apporter son tribut et concourir par conséquent à la prospérité de l'établissement.

Pour bien servir cette clientèle d'élite, pour donner satisfaction à ses goûts délicats, à son amour du luxe, à ses appétits de raffinés, à ses fantaisies de toute sorte se renouvelant incessamment, il fallait nécessairement un très nombreux personnel, une véritable armée de domestiques. De sorte qu'il y avait là deux populations en présence : les serviteurs d'une part, et ceux qui se faisaient servir de l'autre ; — et les premiers étaient de beaucoup les plus nombreux.

Pendant longtemps l'harmonie la plus parfaite régna entre les deux camps, et il semblait, en effet, impossible que des sentiments de discorde pussent se faire jour. L'intérêt commun devait les proscrire, car si d'une part les services étaient bons, de l'autre ils étaient largement et grassement payés.

Les serviteurs acceptaient de bonne grâce leur infériorité et faisaient gaiement leur métier. Ils se souvenaient qu'autrefois leur première profession était bien plus pénible et cependant moins rétribuée, attachés qu'ils étaient aux rudes travaux des champs.

Malheureusement, avec le temps, ces dispositions d'esprit se modifièrent. Les sentiments de jalousie, de convoitise, de haine et de rébellion germèrent et grandirent.

Serait-il vrai que l'accroissement du bien-être amène le dégoût du travail ?

On serait tenté de le croire en voyant, dans la grande arène du travail, ceux qui ont les plus rudes tâches, les remplir sans récriminations et de gaieté de cœur, et les plus favorisés, au contraire, geindre, se lamenter et crier au martyre en présence de leur besogne relativement facile.

Toujours est-il qu'après avoir longtemps couvé, une guerre servile éclata dans notre hôtellerie. Ce furent, dit-on, deux marmitons du plus bas étage, les plus maladroits, les plus ivrognes, les plus fainéants de toute la maison — mais citoyens aux idées avancées, très avancées, — qui donnèrent le signal du soulèvement et s'en proclamèrent les chefs.

Ils avaient, du reste, tout fomenté, tout organisé. Ils avaient prêché la guerre sainte, disant et répétant sur tous les tons à leurs camarades :

« Nous avons été humiliés et exploités jusqu'à ce jour, etc., etc., etc. ;

« Nous avons assez souffert : l'heure de la délivrance a sonné ;

« A nous maintenant de jouir et de savourer les douceurs du bien-vivre et du *farniente*, etc., etc. ;

« Aux autres de servir à leur tour, etc., etc. »

Et autres phrases sonores qu'ils avaient apprises dans des feuilles et écrits dits du Progrès.

On les écouta, on les suivit, on se rua sur les paisibles hôtes du logis, qui, à leur grand ébahissement, furent tout à coup radicalement spoliés et dévalisés.

Qu'advint-il de tout cela ? Quelles furent les suites de cette échauffourée ?

Il arriva ce qu'il était facile de prévoir :

Du jour où l'aventure fut ébruitée, personne ne mit plus les pieds dans la maison. Ceux qui s'y trouvaient déjà s'évadèrent un à un et au plus vite. Ceux qui étaient en route pour y venir rebroussèrent chemin à la hâte. Toute la clientèle fut dispersée du coup et disparut comme par enchantement.

Les nouveaux possesseurs par droit de conquête firent pendant quelques jours bonne chère et menèrent joyeuse vie.

Mais toutes les provisions épuisées et tout le vin bu, aucun chaland ne venant plus frapper à la porte, à cette porte qu'encombrait autrefois l'attrait du bien-être et des distractions, et que la crainte du pillage mettait désormais en interdit, les nouveaux occupants, disons-nous, se livrèrent aux plus tristes réflexions ; ils se regardèrent entr'eux avec anxiété et effroi ; ils comprirent la gravité de leur irréparable faute, et, poussés par la faim, ils durent se résigner à aller chercher ailleurs d'autres moyens d'existence. Cette recherche fut longue et pénible. Elle aboutit enfin, mais à quelles conditions !

Des travaux deux fois plus pénibles, et des salaires réduits au tiers.

Ajoutons, à leur justification et honneur, qu'avant de se séparer, ils saisirent violemment les deux marmitons qui avaient été les auteurs de la rébellion et leur administrèrent solennellement les étrivières.

*
* *

Telle est notre fable, apologue ou parabole, comme mieux aimerez.

Inutile d'ajouter, n'est ce pas, que la grande hôtellerie en question c'est notre capitale, Paris; que cette foule de domestiques, soubrettes, filles de peine et autres, cuisiniers, serviteurs de toute sorte, n'est autre que cette crédule population qui appelle de tous ses vœux une subversion sociale qui, dans ses espérances, doit être une source de bienfaits infinis, une abondante pluie de manne céleste et d'alouettes rôties.

Sotte croyance dont elle serait punie par la plus cruelle des mystifications, l'application rigoureuse des doctrines du radicalisme devant fatalement, si elle était praticable, ruiner littéralement Paris, ou du moins le réduire au quart de sa population présente et au huitième au plus de son budget actuel.

Pour bien établir cette vérité, il faut rechercher les causes premières de la grandeur et de la prospérité de Paris, et faire voir comment la ville qui n'était autrefois qu'une ville comme tant d'autres, est devenue l'incomparable capitale que nous connaissons.

Et pour faire cette étude, il faut remonter bien haut dans l'histoire, à plus de deux siècles, au règne de Louis XIV.

C'est là pour Paris la grande date, l'origine et le point de départ de la gloire et de la grandeur.

Ce prince fit sa capitale à l'image de son autorité souveraine, et fut le véritable fondateur de cette gloire et de cette grandeur. Jusque-là, Paris avait été une capitale comme les autres capitales de l'Europe, comme Vienne, comme Londres, comme Madrid. Mais le long règne du GRAND ROI l'éleva bien au-dessus de toutes ses rivales et lui fit dans le monde civilisé une situation exceptionnelle et unique.

Pendant ce règne, la population de Paris fut accrue de trois cent mille habitants, c'est-à-dire plus que doublée. Ce chiffre considérable, énorme, surtout si on se reporte au temps et si l'on considère les obstacles qu'opposait alors la difficulté des communications, n'est que la traduction dans l'ordre économique de la révolution politique accomplie par le monarque autoritaire, centralisateur, qui soumit tout à ses volontés, fit converger vers lui toutes les forces vives de la nation et dériva sur la capitale les principales sources de la fortune publique.

Il ne resta debout en France que la grandeur du souverain. Tout s'inclina et se courba humblement devant elle. A l'esprit d'insubordination et de révolte succédèrent les habitudes de soumission et de courtisanerie.

Il n'y eut plus d'éclat que par les reflets de la radieuse majesté. Le roi, la cour; la lumière et ses rayons : hors de là, néant et obscurité.

Jusqu'à cette époque les grandes provinces de France avaient eu une existence propre et constituaient de puissantes individualités.

Elles avaient pu lutter en maintes circonstances contre l'autorité centrale. Notre histoire est pleine de ces rébellions successives de la Bourgogne, de la Bretagne, du Languedoc. Mais, à partir de ce jour, toutes ces velléités d'indépendance disparurent, et le pouvoir qui fut maître de Paris devint désormais le maître absolu des destinées de la France.

Le nouveau monarque avait attiré auprès de lui et fait siens tous les grands du royaume, les descendants des anciens vassaux de la Couronne et tous les représentants de l'aristocratie féodale. Toutes les grandes familles de France et, à leur suite, toutes les distinctions et les supériorités de tout genre vinrent se fixer près de cet irrésistible foyer d'attraction.

Leur seule pensée, leur seul instinct fut désormais de venir graviter comme des constellations secondaires autour de l'astre brillant qui était devenu le centre du nouveau système. La vue du monarque, la présence à la cour, la proximité de cette source de toutes les faveurs, devinrent un devoir, une obligation, une nécessité pour tous les grands.

Et lorsque l'un d'eux avait démérité et s'était rendu coupable d'un crime, d'une faute, d'une peccadille de lèse-majesté, le grand-prêtre du nouveau culte, le Jupiter du nouvel Olympe le punissait sévèrement en l'éloignant de sa personne. Il prononçait l'arrêt fatal, cette peine qui n'a été écrite dans aucun code, mais qui n'en était pas moins reçue avec terreur, comme une sentence d'excommunication : l'exil dans ses terres.

Toute la noblesse du royaume ne put pas, à la vérité, prendre domicile à Paris et y bâtir des hôtels.

Il n'y eut que les plus puissants et les plus riches qui purent se permettre cette dispendieuse fantaisie.

Mais pour tous, les fréquentations intermittentes avec la cour, les présentations à Versailles, le séjour momentané dans la capitale, devinrent une habitude et une obligation. Ce fut une loi sacrée, comme le pélerinage à la Mecque pour les Musulmans.

Et ce va-et-vient permanent, ces visites multipliées ou prolongées, suivant les degrés de fortune, furent pour Paris une grande source de prospérité. Alors se nouèrent les relations commerciales de la capitale avec tous les points du territoire.

C'est de cette époque que date la domination de cette puissance arbitraire, despotique et cependant toujours servilement obéie, de cette puissance qui a depuis établi son empire sur le monde entier : la *Mode de Paris*.

Les conséquences de cette révolution dans les mœurs et les habitudes de l'aristocratie française furent immenses, au point de vue économique. Car tous ces grands, tous ces nobles étaient les grands propriétaires terriens, les maîtres du sol, les dispensateurs de la production agricole, les possesseurs des seules richesses de l'époque et de presque tout le revenu net du pays.

Paris devint le grand centre de consommation, le gouffre profond où vint s'engloutir annuellement la meilleure part de la production nationale.

A cette action combinée du monarque et de l'aristocratie vint se joindre la noble et heureuse influence des beaux-arts et des lettres, qui brillèrent sous ce règne d'un éclat exceptionnel.

Les privilégiés de l'esprit et de la pensée apportèrent leur concours comme les privilégiés de la naissance et de la fortune. Paris devint leur séjour de prédilection et même leur résidence obligée. Ce fut là désormais le centre du goût et des lumières, le rendez-vous des beaux esprits, et toute vie intellectuelle fut éteinte en province.

Tous les grands talents, toutes les hautes facultés, toutes les distinctions, les savants, les poëtes, les artistes, les orateurs sacrés comme les auteurs dramatiques, Bossuet comme Molière, ne purent résister à cette *great attraction* et ne purent plus vivre en dehors de cette enceinte privilégiée.

Ce fut là un noble et brillant diadème que le grand roi posa sur le front de la grand'ville.

Malheureusement ce ne fut pas le seul.

Non, car aux causes de prospérité que nous venons de mentionner, il faut en ajouter d'autres d'une nature bien différente, — ces dernières moins avouables : le relâchement des mœurs, le libre cours donné à la licence ; et, sur ce point encore, le grand roi peut revendiquer une incontestable et souveraine influence.

On a pu, sans trop d'exagération, comparer son règne au siècle d'Auguste, au point de vue de l'éclat des beaux-arts et des lettres.

Mais, à l'endroit des mœurs, il y a une ressemblance tout aussi frappante.

A ces deux époques, les digues de réserve et de retenue furent rompues, et si l'avènement du régime impérial fit de Rome la capitale de la débauche et de la dissolution, Paris devint à partir de Louis XIV, la ville des plaisirs faciles et, disons-le, la métropole du libertinage

Fait très regrettable au point de vue religieux et moral, mais, au contraire, des plus heureux s l'on considère exclusivement l'extension de la clientèle, le développement de la prospérité matérielle.

Si jamais la science de la statistique atteint un degré de perfection assez grand pour préciser avec exactitude les diverses origines de la richesse des nations et des cités, il y aura là pour elle un problème du plus haut intérêt, problème qui pourrait se poser ainsi :

Rechercher laquelle de ces deux influences, d'une part l'influence de la littérature, des arts, du bon goût, de tous les mobiles du ressort de la pensée, de l'autre l'influence des séductions illicites, des plaisirs sensuels que condamne une morale austère; laquelle de ces influences, disons-nous, a contribué dans la plus grande mesure à l'agrandissement de notre capitale.

Si cette étude pouvait se faire avec une exactitude mathématique, les moralistes seraient peut-être consternés du résultat.

Mais laissons là cet ordre d'idées et admettons, suivant la maxime de l'empereur Vespasien, qu'il ne faut pas distinguer entre les sources diverses de revenu.

Il est un fait constant : toutes les causes que nous venons d'énumérer combinèrent leur action pour accroître la prospérité de Paris et y attirer toute la vitalité de la nation.

Et cette action ne resta pas renfermée dans les limites du territoire, elle s'étendit bien au-delà des frontières et s'exerça bientôt sur tout le monde civilisé.

Paris devint pour toute l'Europe — alors il n'y avait que l'Europe — le grand foyer d'attraction, le séjour de prédilection des privilégiés de toute provenance.

Chez les autres peuples, pour désigner Louis XIV, on disait tout simplement LE ROY. De même PARIS et la GRAND'VILLE devinrent termes synonymes.

Toutes ces causes réunies ont fait du Paris d'autrefois le Paris d'aujourd'hui; de la cité qui, sous François Iᵉʳ, ne contenait que cent mille habitants, la grande capitale qui en a actuellement deux millions.

Pendant que s'accomplissait cette transformation, qui fut pour la France une véritable révolution et une révolution plus radicale que l'on ne pense, nos voisins et rivaux les Anglais poursuivaient et réalisaient un problème bien différent et tout contraire. Ils faisaient de Londres la métropole du commerce et de l'industrie, ils y centralisaient les grandes affaires sérieuses du monde entier. Ils assuraient dans cet autre domaine la suprématie de la race anglo-saxonne.

Il y eut dès lors deux couronnes en présence:

d'un côté, la couronne de fer du royaume des choses utiles ; de l'autre, l'élégant diadème de l'empire des arts agréables, de la mode, du bon goût et du plaisir.

Le temps s'est écoulé depuis ; plus de deux siècles ont passé ; mais, sauf la forme, les choses sont restées les mêmes.

Ce sont toujours les mêmes conditions d'existence ; c'est toujours aux mêmes sources que Paris puise la vie et la richesse. Comme les grands établissements industriels qui sont en voie de progrès, il a profité d'une immense extension de clientèle.

De nos jours, cette marche ascensionnelle a été plus rapide que jamais.

Et cela tient à plusieurs causes : au développement de la fortune publique ; à l'adjonction des favorisés de la fortune ; aux privilégiés de la naissance ; aux progrès des voies de communication ; aux facilités d'accès — *licet omnibus adire Corinthum*.

Mais, au fond, cette clientèle si étendue, si élargie, se recrute de la même façon et se compose d'éléments semblables.

Comme par le passé, Paris est le rendez-vous de tous ceux qui sont à la recherche des jouissances de la vie, de tous les adorateurs du dieu Plaisir.

L'impulsion donnée par le grand roi suit toujours son cours. L'exemple que donnèrent les premiers les fils des barons de la féodalité est suivi par toutes les aristocraties qui se sont formées depuis, par tous les privilégiés du siècle, — personnages d'une bien moindre importance, d'accord, mais en revanche bien plus nombreux et cumulant une bien plus grande somme de richesses.

Cette incontestable vérité se révèle à chaque instant et se traduit partout par des faits irrécusables.

Ainsi, les quartiers réservés pour l'habitation des classes fortunées ont aujourd'hui une étendue décuple de celle qu'ils avaient autrefois ; au lieu de quelques rues, ce sont des arrondissements entiers.

Pour quelques grands hôtels aux noms historiques, de somptueuses et élégantes résidences en si grand nombre qu'elles forment de véritables et populeuses cités.

A la place de quelques familles aristocratiques, des centaines de millionnaires.

Au lieu de quelques brillants carrosses pouvant faire figure à la cour, des milliers d'équipages confortables et élégants.

Monnaie de la pièce valant cent fois la pièce.

Les formes ont changé, les apparences extérieures se sont modifiées, la quantité a remplacé la qualité ; mais en réalité c'est toujours la même clientèle, les mêmes chalands. C'est toujours aux mêmes sources que Paris puise la richesse ; et si l'on veut distinguer et entrer dans les détails, on doit reconnaître que les principales de ces sources sont au nombre de trois.

*
* *

En premier lieu, Paris, capitale de la France, est le siége du pouvoir central et souverain, le séjour de toutes les grandes autorités.

En second lieu, Paris est toujours la résidence de prédilection de toutes les grandes fortunes, de toutes les opulences du pays, de tous les privilégiés, soit du talent, soit de la richesse, lesquels, par la même force attractive qu'autrefois, ont su attirer autour d'eux leurs pareils de tous les points du globe.

Troisièmement enfin, et ce fait n'est qu'une conséquence du précédent, Paris a toujours le monopole et le privilége de toutes les industries de luxe et de tous les commerces qui touchent à l'élégance et au bon goût.

Si, en dehors de ces grands canaux d'alimentation et de richesses, il en est encore qui apportent leur concours et leur tribut, leur rôle n'est que secondaire et insignifiant.

Ces trois grandes sources sont toujours les mêmes, à cette différence près que le progrès des siècles en a décuplé l'abondance, et au-delà.

Cette abondance tient aujourd'hui du prodige.

On est effrayé lorsqu'on voit, sur les tableaux statistiques, les chiffres monstrueux de la consommation annuelle de Paris.

C'est par cent mille tonnes, par dix millions de kilogrammes, par cent millions de francs qu'il faut compter, et, dans ses hyperboliques exagérations, Rabelais racontant les gastronomiques exploits de Grand-Gousier, de Gargantua et de Pantagruel, n'osa jamais produire d'aussi formidables totaux.

Voici, sommairement, quelques-uns des articles de la carte de l'ogre :

Viande de bœufs, vaches, moutons et porcs, etc., approximativement : 40 millions de kilogrammes ;

Volaille et gibier : 20 millions de francs ;

Poissons, marée, huîtres : plus de 12 millions ;

Beurre et fromage : 24 millions ;

Œufs : de 15 à 20 millions de douzaines ;

Vins, liqueurs, cidre, bière, etc. : plusieurs

millions d'hectolitres, de quoi alimenter un cours d'eau, une rivière flottable ;

Glace à rafraîchir : sept millions de kilogrammes.

Et tout le reste à l'avenant, le couvert comme le vivre.

Tous les objets et matières destinés à l'habition, à l'ameublement, au chauffage, aux vêtements, enfin à toutes les nécessités de la vie, dans les mêmes proportions.

Des forêts entières de bois de construction ou à brûler.

Des montagnes de charbon et autres combustibles.

D'autres montagnes plus grandes encore de matériaux à bâtir.

La fonte et le fer y entrant pour près de 20 millions de kilogrammes.

Des quantités de fourrages pour alimenter une armée de cent mille chevaux et plus, etc., etc., etc.

Mais quelle est donc la force qui fait affluer d'aussi immenses approvisionnements ?

Quelle est donc la puissance mystérieuse qui soutire de tous les points de la France et du monde les sucs alimentaires et tous les éléments de subsistance d'une si nombreuse population ?

Dans son enceinte restreinte et encombrée, Paris ne produit rien ou presque rien de tout cela.

Il n'élève ni un bœuf, ni un porc, ni même un mouton.

Il ne fournit ni un arbre de construction, ni un quintal de houille.

Il consomme pour dix millions d'œufs ; combien, dans le nombre, en pondent les poules de Paris? Cette part n'est guère plus importante que le contingent fourni pour les huîtres et la marée.

Nous l'avons dit, les sources d'alimentation de la capitale, les forces occultes qui amènent ces incessantes bandes de bœufs, qui font jaillir du sol d'abondantes fontaines de vin et de boissons variées, qui dérivent tous les canaux de production locale pour former de leur ensemble le grand fleuve qui apporte la vie, le nécessaire et le bien-être à une population de deux millions d'hommes, les causes qui font affluer et permettent de distribuer tous les ans près d'un MILLIARD de rations alimentaires, — ces sources de vie, d'aisance relative sans contredit au-dessus de la moyenne, sont au nombre de trois :

En première ligne d'abord, pour suivre l'ordre hiérarchique et non pas les degrés d'importance, Paris est notre capitale, le siége de nos grands pouvoirs, le centre de la direction politique et administrative.

En second lieu, Paris est toujours le séjour préféré et comme la patrie adoptive des plus riches familles de France, le rendez-vous convenu de tous les fortunés d'ici-bas, nationaux et étrangers, des artistes de tous les pays, de tous ceux qui sont à la recherche du bien-être et du plaisir.

Troisièmement enfin, Paris est, ce qu'il a été depuis près de trois siècles, le centre de l'élégance et de la mode, le siége des industries de luxe, la place où viennent exclusivement s'approvisionnner les marchands d'objets de fantaisie, d'œuvres d'art, de colifichets, de parures, d'ornements, de vêtements et de meubles de grand prix, — de toutes les choses enfin qui constituent le superflu.

Examinons successivement ces trois sources de vie et de prospérité.

* *

D'abord Paris est la capitale de la France, le siége du pouvoir souverain, le séjour des grandes autorités et des hauts fonctionnaires, la résidence des grands corps de l'Etat, de toutes les administrations centrales, de tous les états-majors tant civils que militaires,

Par conséquent, c'est à Paris que se paient et se consomment les plus gros traitements, les plus fortes dotations, les plus lourdes dépenses du budget de l'Etat.

Il serait très intéressant de rechercher quelle est dans ce budget, aujourd'hui de près de trois milliards, la part qui revient directement et spécialement à la capitale; quel est le prélèvement qu'elle fait d'abord sur l'argent que donne annuellement la France pour se faire gouverner et administrer.

Les données font défaut pour résoudre ce problème, et, du reste, ce chiffre inconnu varie nécessairement suivant les évènements et les vicissitudes politiques.

Sous un gouvernement monarchique autoritaire, grand dépensier, cette dotation est énorme; sous un régime républicain, elle est nécessairement moindre.

Et l'avènement d'une démocratie franchement radicale, spartiate, égalitaire, qui, pour ne pas mentir à son principe, devrait niveler les traitements comme les fortunes, la réduirait aux chiffres les plus modiques.

Sous le dernier Empire, la liste civile (le traitement du chef de l'Etat) s'élevait au formidable total de quarante millions.

Et la plus grosse part de ces quarante millions était dépensée à Paris, affectée à des dépenses parisiennes.

Et l'exemple du souverain était suivi; l'impulsion venue d'en haut s'exerçait sur tout son entourage, sur toutes les sommités officielles, et, de proche en proche, sur toute la haute société parisienne qui n'a toujours eu que trop de tendance à suivre ce courant.

Les prodigalités de l'empereur entraînaient, jusqu'aux derniers degrés de l'échelle administrative et sociale, des prodigalités du même genre et en grand nombre.

Si, personnellement, il dépensait dans la capitale une somme de 30 à 40 millions, il occasionnait indirectement une dépense triple, quintuple, décuple.

On peut sans exagération affirmer que Paris a perdu de cent à deux cents millions de rente à la substitution du régime républicain au régime impérial, ce qui fait, en moyenne, une perte de cinquante à cent francs de revenu annuel pour chaque habitant.

Il faut observer, toutefois, que cette perte, comme celles que Paris a pu subir dans ces derniers temps, a été largement réparée par ce fait qui est le grand fait contemporain :

L'achèvement, le perfectionnement du grand

réseau de voie de communications nationales ;

L'ouverture des grandes lignes de chemin de fer qui en sont les artères ;

L'amélioration des routes de second ordre et des modestes chemins vicinaux qui sont, de leur côté, comme les veines et les filets veineux de ce grand système de circulation faisant affluer la vie au cœur pour la répandre ensuite dans toutes les parties de l'organisme.

Ce grand problème a été la tâche de notre génération, et la solution est aujourd'hui à peu près réalisée. Sauf quelques compléments de détail, sauf quelques additions d'une utilité contestable, ce grand travail est aujourd'hui terminé ; l'immense mécanisme fonctionne partout, il embrasse tout le pays. Il a porté aux dernières limites la prospérité de la capitale ; il a fait qu'une population, qui n'était en 1842 que d'un million d'habitants, s'élevait en 1861 à quinze cent mille, et a presque atteint à l'heure actuelle le chiffre de deux millions.

Mais, dans cet énorme accroissement, les progrès de la viabilité n'ont été que l'instrument ; les causes premières sont toujours les mêmes qu'au temps de Louis XIV.

Pour bien se convaincre de cette vérité, il suffit de remonter à leur origine, d'examiner sur les lieux comment s'exercent ces forces qui attirent au centre la vitalité de la France.

A cet effet, allons faire, si vous le voulez bien, une exploration détaillée à travers la France. Allons en pleine province et voyons comment les choses s'y passent.

Premier tableau. — Voilà, dans le lointain, une large vallée exclusivement consacrée à la culture et divisée en une infinité de parcelles.

La population y vit des produits du sol. Elle en consomme en nature la majeure part, l'excédant est expédié sur les marchés voisins.

Le prix sert à payer les autres denrées que la contrée ne peut produire, et, en outre, les objets d'industrie qui, en sus des nécessités de l'alimentation, sont nécessaires aux besoins de la vie.

Telle est la règle générale. Là-bas, toutefois, et sur le dernier plan, il y a une exception bien saillante.

C'est une grande et fertile propriété, d'un seul tenant et d'un revenu net considérable : on l'évalue communément à cent mille francs.

Les anciens propriétaires étaient les seigneurs de l'endroit, qui vivaient à l'ancienne mode, chassant, pêchant, prélevant leurs droits et redevances, courant, festoyant et cavalcadant dans les environs.

A l'exception de quelques objets de luxe, ils

trouvaient sur place tout ce qui leur était nécessaire, et ne s'absentaient qu'à de longs intervalles.

Les vieillards du pays racontaient bien cependant qu'il prit un jour fantaisie à l'un d'eux d'aller à la cour et de séjourner quelque temps à Paris. Il avait mal fait ses calculs et mal dressé le budget de cette expédition. Il fit à son avoir une si forte brèche, qu'il fallut plusieurs années de privations pour la réparer.

La famille qui est aujourd'hui propriétaire, a plus sagement arrangé ses combinaisons.

Elle habite Paris, depuis le jour où une jeune femme étrangère, nouvellement entrée dans la maison, y proclama et fit adopter ce principe : qu'il était impossible de vivre dans un pareil trou et de résider dans un semblable taudis.

Toute la propriété est affermée au plus offrant, et, aux échéances, les prix de ferme sont régulièrement expédiés sur la capitale. Ils s'élèvent, avons-nous dit, à cent mille francs environ. C'est surtout du grain que produit cette terre ; on peut même supposer que c'est là le seul rapport. Et alors le propriétaire a pour sa part à lui, en admettant qu'il soit payé en nature, approximativement cinq mille hectolitres de blé.

En réalité (ou fictivement, cela revient au même), ces cinq mille hectolitres lui sont régulièrement envoyés sur Paris. Là, ils sont convertis en pain, et il fait la distribution de ces pains à tous ceux qui concourent à la satisfaction de ses besoins, plaisirs et caprices, depuis le concierge qui lui tire le cordon et les domestiques qui le servent, jusqu'aux modistes de madame et aux artistes qu'il va applaudir dans les théâtres, etc., etc.

Et tout ce monde fait après un autre travail de sous-répartition qui est encore suivi de beaucoup d'autres, et les pains arrivent ainsi jusqu'aux derniers degrés de l'échelle industrielle.

Par le fait, le propriétaire apporte à Paris, tous les ans, l'alimentation de deux cents habitants. Il fournit, à l'aide d'échanges, la subsistance et l'entretien de deux cents personnes.

S'il changeait sa manière de vivre, s'il se retirait dans ses terres, suivant l'ancienne expression, et si ce vide n'était pas rempli par un autre, deux cents bouches perdraient leur pain quotidien.

Il fait vivre deux cents individus, et cinq de ses pareils en alimentent un millier.

La réforme économique, la révolution sociale qui lui ferait perdre tout ou partie de son avoir, diminuerait d'autant les ressouces alimentaires de la capitale.

Et si survenait une crise violente et anarchique, oh ! alors, ce serait bien plus grave. Le convoi de vivres qu'il dirige tous les ans sur Paris serait nécessairement détourné de son itinéraire habituel par les communards du crû, et pas un de ces pains n'arriverait à sa destination actuelle.

Les doctrines parisiennes ont fait école partout, et Paris serait la première victime de leur application.

Deuxième espèce, presque identique.

Il s'agit d'un monsieur qui vit seul et isolé, d'un monsieur aux allures élégantes, aux habitudes distinguées, qui ne peut vivre que dans les sphères aristocratiques.

Pour tout avoir, il possède un clos de vigne d'une assez grande étendue, qui produit, bon an mal an, un millier d'hectolitres de vin.

La moitié de ce produit brut lui revient, à raison de son droit de propriété. Ce vin se vend au taux moyen de 30 francs l'hectolitre. Il a donc ainsi un revenu annuel de douze à quinze mille livres.

Tous les ans, notre personnage, les vendanges finies, met tous ses fûts en portefeuille, sinon en réalité du moins en effigie, et, muni de cette cargaison, il part aussitôt pour la capitale, où le prix de ses futailles lui permet de faire bonne figure pendant une grande partie de l'année. Lorsque les provisions sont épuisées et que tout est à sec, il reprend piteusement le chemin de sa province où il vit le reste du temps avec une stricte parcimonie.

Celui-là verse à boire comme les autres portaient à manger, et le jour où il lui faudra mettre un terme à son genre de vie, il manquera quelques barriques de vin à la consommation habituelle de Paris.

Et c'est par milliers qu'on pourrait compter les faits de ce genre.

En voulez-vous un autre d'une variété différente, mais ayant toujours au fond la même signification ? Le voici :

Il s'agit d'un honorable vieillard, père et grand-père de famille, auteur d'une nombreuse lignée, riche et généreux. Nous le rencontrâmes naguère et entrâmes en conversation.

C'était aux approches du jour de l'an. Il nous raconta que, dans la matinée, il avait eu à traiter deux affaires.

Il avait, en premier lieu, fait ses commandes d'étrennes pour le jour solennel qui est le grand jour du jeune âge. Il avait écrit pour avoir sa provision de bonbons, jouets, parures, etc. Nécessairement il avait écrit à Paris ; c'eût été inconvenance et acte de mauvais goût que d'offrir à des personnes comme il faut des objets d'une autre provenance.

Puis il avait conclu une seconde négociation. Il avait vendu à un marchand de bestiaux un veau gras qui avait été nourri chez lui, dans une enceinte réservée. Et par une étrange coïncidence, il avait fallu tout le prix de son veau pour payer ses étrennes, pour acquitter cette dépense de gourmandise et de fantaisies puériles.

Si l'argent ou les papiers qui représentent l'argent n'existaient pas, cette double transaction commerciale eût été assez complexe. Il eût fallu adresser une lettre collective aux marchands de sucrerie, bébés, polichinelles, bijoux, etc., et la formuler ainsi :

Je vous expédie un veau gras de première qualité et du poids de.... Vous l'égorgerez, le dépècerez et le partagerez entre vous. En retour vous m'enverrez, fin courant : 1° 12 sacs de fruits confits ; 2° 18 idem de pralines ; 3° 6 poupées à ressorts ; 4° 9 bébés de la plus petite dimension ; 5° 4 bracelets, etc. C'est là, en réalité et allant au fond des choses, la transaction conclue.

Ce sont des marchés de ce genre qui font vivre Paris.

Encore un autre cas identique. Encore un bonhomme, mari complaisant et débonnaire jusqu'à la faiblesse.

Il avait bien longtemps résisté aux demandes, aux supplications de madame qui voulait une nouvelle mise pour cet hiver, mise élégante et riche, aussi brillante, plus brillante encore que celle de la voisine qu'il importe d'éclipser à tout prix.

Il a fallu céder à la fin, et s'adresser à l'une des maisons renommées de la capitale. Et pour payer cette dispendieuse fantaisie, ce n'est pas, cette fois, un veau qui a pu suffire, mais une bonne et belle paire de bœufs qu'il a fallu vendre et expédier.

Encore une espèce du même genre, sauf de notables différences de détails.

Voyez-vous ce groupe de jeunes gens qui causent avec animation et à voix basse. Evidemment il y a quelque complot sous roche. Mais, rassurez-vous, ce n'est pas une conspiration politique, mais tout simplement un projet de voyage à Paris qui s'organise, et vous comprendrez aisément pour quels motifs le public ne doit pas être initié. C'est qu'en effet le principal but de cette expédition n'est guère avouable.

Nos jouvenceaux se proposent bien d'explorer

les curiosités nouvelles, de suivre les théâtres, de se mettre au courant des dernières productions artistiques et littéraires, de déguster tous les plaisirs licites et honnêtes, d'accord.

Mais, malheureusement, ce n'est là que l'accessoire. Ces avouables passe-temps ne serviront qu'à remplir les entr'actes de divertissements d'un autre ordre. Et l'on devine aisément lesquels.

A des jeunes gens fraîchement émancipés et qui sont dans la première fièvre de jeunesse, alors qu'ils viennent dire avec crânerie : nous allons à Paris, le moraliste est tenté de répondre par de sages remontrances et de sévères admonestations.

C'est qu'en effet ces quelques mots ont, dans certaines bouches, une signification trop claire..........

C'est qu'en effet, à l'endroit des jouissances sensuelles et interlopes, notre capitale a une spécialité et une suprématie qu'aucune ville du monde ne saurait lui disputer.

C'est la métropole du libertinage et du proxénétisme ! crient les prédicateurs.

Et les esprits les plus tolérants doivent convenir qu'en effet les mœurs y sont par trop faciles et relâchées. Le culte du dieu Plaisir y est la seule religion professée, ou du moins généralement pratiquée.

Fait très regrettable au point de vue moral ; mais fait immense, des plus féconds, si l'on ne considère que la question d'affaires, les rentrées pécuniaires et le bénéfice net.

C'est là la base d'un commerce intérieur et extérieur des plus étendus et des plus lucratifs ;

Comme le dit le vieux refrain :

> Lyon a ses soieries, Bordeaux ses vins,
> Rouen ses cotons ; Paris a ses catins.

N'est ce pas là le premier et le plus important des articles Paris ? Nulle part, il faut en convenir, cette spécialité n'est si bien tenue, ni si richement approvisionnée.

Aussi notre bande de touristes égrillards s'en donne-t-elle à cœur joie, sans réserve ni modération. C'est de la fièvre, c'est de la frénésie. Mais aussi la carte à payer de cette escapade sera-t-elle formidable. Si ce qu'on nous rapporte est vrai, cette dépense devra être prise sur les produits d'un établissement métallurgique que nos jeunes gens possèdent en commun.

C'est donc du métal, du fer ou de la fonte que ceux-ci apportent à la consommation de la capitale. C'est avec cette monnaie qu'ils paient les services rendus.

Et, après le départ de cette joyeuse cohorte, il en viendra d'autres qui apporteront à leur tour, qui des bois de construction, qui des matériaux à bâtir, qui des combustibles, etc. Et c'est toujours par le même canal que viendront ces éléments de richesse et de prospérité.

Et tous se livreront publiquement à leurs ébats en plein jour, sans pudeur ni réserve ; ce qui serait un scandale autre part, mais paraît tout naturel dans une ville où la débauche a droit de cité, où la prostitution se mêle fraternellement aux autres classes de la population et traverse incessamment, avec des allures triomphantes, les plus brillantes avenues ; dans une ville où nous voyions naguère des légionnaires converser et causer familièrement et publiquement avec des filles publiques. Nous aimons à croire que c'est là une rareté exceptionnelle.

Dans les autres cités, la population dont nous parlons, population *sui generis*, est parquée et par le fait emprisonnée dans des quartiers spéciaux. Elle vit à part sous l'épée de Damoclès de la police ; mais à Paris, elle envahit tout, se faufile partout, s'empare des meilleures places et brille au premier rang.

Elle dicte les modes et donne le ton. Comme Protée, elle sait prendre toutes les figures. Si, dans les bas-fonds et les degrés inférieurs, elle a conservé les allures du dévergondage grossier, dans les hautes sphères, au contraire, elle apparaît sous les dehors de l'élégance et de la distinction, avec les poétiques allures des héroïnes de roman ou l'extérieur des châtelaines du moyen-âge.

Elle va s'agenouiller pieusement sur les prie-Dieu des églises et s'installe avec effronterie aux premières loges des représentations théâtrales. Ella a des écrivains pour raconter ses faits et gestes ; des académiciens pour lui servir d'historiographes ; des poëtes pour chanter ses exploits et l'odyssée de ses prétendues douleurs. Il s'est créé, en son honneur et sous son patronage, une littérature spéciale et nouvelle, littérature sentimentale et élégiaque qui accapare l'attention du public et envahit les livres et le théâtre.

Il n'est pas jusqu'à la grande scène de l'art dramatique national, cette enceinte sacrée, jadis réservée pour les Racine et les Molière, les Corneille et les Beaumarchais, qui n'en soit infestée. Et les auteurs de ces malsaines productions, loin de rougir de leur rôle qui ressemble fort à celui de l'entremetteur, en paraissent au contraire tout fiers. C'est avec une orgueilleuse satisfaction qu'ils étalent les trésors de leur érudition spéciale. Ils sont du métier, de la maison, de la famille, et en tirent vanité.

Mais revenons au côté industriel et commercial de la question.

Il est constant que Paris trouve dans ces regrettables faiblesses une inépuisable source de recettes et de revenus.

Quel courant continu d'affaires exceptionnelles ! Quels immenses profits rapporte cette excitation permanente à la débauche et à la dissipation !

Combien de vieux céladons exploités !

Combien de fils de famille entièrement spoliés !

Combien de ménages désunis et désorganisés au profit de la caisse du libertinage !

Combien de provinciaux et d'étrangers dévalisés, ou du moins mis à contribution !

Quels immenses tributs apportés de toutes les parties du monde, depuis les régions équatoriales jusqu'aux steppes glacés du Nord ! Que de millions annuellement absorbés ! Et la grande ville est toujours là pour profiter de ces désordres et s'emparer de toutes ces dépouilles.

Les historiens racontent qu'autrefois une ville de l'Asie-Mineure, patrie d'une des plus célèbres courtisanes de l'antiquité, lui décerna avec solennité une récompense civique. Au fait, c'était justice. Cette généreuse et patriotique fille avait fait rebâtir, à ses frais et avec les produits de son industrie, les murs d'enceinte de la ville.

Dans cet ordre d'idées, c'est un monument que notre capitale reconnaissante devrait élever à la magique puissance qui lui vaut tant de trésors. Nous laissons à de plus habiles le soin de dicter l'invocation à inscrire sur le fronton.

C'est à ces sources que Paris puise la richesse.

On serait coupable d'exagération si l'on allait jusqu'à dire que la débauche et le proxénétisme figurent au premier rang parmi ses industries nourricières. Mais on reste assurément dans la vérité, en affirmant que les appétits sensuels, les fantaisies répréhensibles, les instincts que condamne une morale austère, en un mot les péchés capitaux du catéchisme : la luxure, la gourmandise, la paresse, l'orgueil, etc., entrent pour moitié dans sa fortune.

Et si tout le monde, par une miraculeuse conversion, devenait tout à coup sobre, chaste, modeste dans ses allures, irréprochable dans ses mœurs, tempérant en toutes choses, en un mot parfait chrétien, c'est triste à dire, une grande partie de la population serait réduite à la détresse. Nous n'osons fixer la proportion.

Les péchés capitaux, nous n'exagérons pas, sont les grands pourvoyeurs de Paris.

La gourmandise, comme ses sœurs la luxure, la paresse et la vanité, apporte un énorme contingent.

Sur ce terrain Paris possède une suprématie et une suzeraineté que personne ne conteste. Tous les étrangers, quel que soit leur amour-propre patriotique, s'inclinent. Et la province tout entière se fait spontanément tributaire.

Nulle part au monde on n'a poussé aussi loin l'art de la bonne chère, la science des friandises et de la gastronomie. Cette vérité est reconnue en tout lieu et en toute occasion.

Exemple :

Dans la ville de X***, un grand banquet, un brillant festin s'organise.

La première question agitée n'est pas de savoir où l'on s'adressera pour réaliser ce chef-d'œuvre gastronomique. Tout viendra de Paris ; c'est là le point hors de doute, la première base posée.

La seule question litigieuse, c'est de décider à laquelle des célèbres maisons de la capitale on fera la commande. Question grave et délicate, très controversée et que discutent avec animation les plus compétents personnages.

Enfin le choix est fait.

Le menu est arrêté et connu. C'est du merveilleux et du dithyrambe.

Les gibiers de tous les pays, les poissons de toutes les mers y figurent sous les dénominations les plus pompeuses.

La fête est splendide. Mais quand vient le quart d'heure de Rabelais, on voit avec effroi que pour solder cette fantaisie de quelques heures il faut expédier une somme d'argent plus que suffisante pour faire vivre dans l'aisance, toute une année, une famille entière, et une nombreuse famille.

Et si c'est là un fait rare et exceptionnel, il en est, au contraire, dans les degrés inférieurs, qui sont permanents et réguliers.

Un double courant est organisé et fonctionne tous les jours. Il centralise et amène à Paris toutes les denrées de luxe, tous les comestibles recherchés, la marée, le gibier, etc. Il les répartit ensuite entre les lieux de consommation, de sorte que le Breton qui veut un homard pêché sur les côtes de Bretagne, le Basque un quartier de chevreuil des Pyrénées, doivent s'adresser à Paris.

Ce n'est, à la vérité, qu'un droit de commission

que perçoit la capitale pour ces sortes de transactions. L'argent reçu de la consommation est en partie réexpédié sur les lieux de provenance ; mais cette entremise est bien chèrement rémunérée.

Dans les autres branches de commerce, il n'en est pas ainsi, la matière première n'étant presque rien et la main-d'œuvre presque tout, pour les articles de modes notamment.

On nous montrait, il y a quelques jours, un bonnet de femme qui venait d'arriver par la grande vitesse. — Est-ce bonnet ou chapeau qu'il faut dire? Avec les variations de la mode, la question est litigieuse. —

L'objet était assez simple, mais très coquet et, inutile de l'ajouter, de provenance parisienne. C'est là le seul endroit du monde où l'on sache bien réussir ces gracieux ajustements de chiffons et de fleurs.

Prix : cinquante francs. Y avait-il pour cinquante sols de matières premières ? Certainement non. Le prix allait donc presque en entier à la main-d'œuvre et restait au lieu de confection pour ne plus en sortir.

Et plus on s'élève dans les hautes régions de l'élégance, plus cette proportion est forte, plus grand est le tribut que paie à la capitale le vaniteux orgueil ou l'orgueilleuse vanité.

Et pour acquitter ce tribut la province et l'étranger rivalisent d'empressement.

Tous les ans, à deux reprises, à l'entrée du printemps et à l'entrée de l'hiver, on voit affluer de tous les points du monde des bandes de modistes, marchands de nouveautés, tailleuses et tailleurs, qui viennent prendre le ton et faire leurs approvisionnement de la saison. Les hôtels en sont encombrés. Et ces expéditions sont obligatoires, car la maison qui ne pourrait pas produire et étaler l'estampille parisienne, serait discréditée du coup et perdue de réputation.

Tous les ans et aux mêmes époques, la province et l'étranger sont inondés des prospectus des grandes maisons de nouveautés de la capitale. Plusieurs, vous le savez, ont une célébrité européenne, universelle.

Ces publications illustrées sont répandues à profusion et donnent lieu à un grand courant d'affaires. C'est là pour les réseaux de chemins de fer une source de recettes considérables.

De toutes parts on fait venir, soit par intermédiaires, soit par correspondances — lorsqu'on ne va pas chercher soi-même. — C'est un permanent va-et-vient, un perpétuel chassé-croisé. Toutes les occasions, toutes les solennités, les moindres fêtes, les expositions, les revues, les courses sont pour Paris une bonne fortune et une cause de bénéfices.

N'a-t-on pas évalué à la somme énorme de plusieurs millions le mouvement de fonds, le total des recettes que lui vaut une seule de ces journées, le grand prix de Paris ?

O moderne Athènes, lorsque tu voudras sérieusement te transformer en Lacédémone, la transition sera pénible ; il te faudra du courage pour t'habituer au classique brouet noir dont tu ne soupçonnes pas l'amertume.

Et ce ne sont pas seulement ces folles extravagances et ces dissipations qui créent les ressources de ton budget : les plus innocentes, les plus légitimes velléités viennent aussi t'apporter leur concours, pourvu toutefois quelles aient leur cachet aristocratique.

Dernier exemple :
Un mariage se conclut et se célèbre en province. Les nouveaux époux appartiennent à la classe riche ou tout simplement aisée.

Quelle est, relativement au chiffre de la dot, la somme à payer pour la corbeille, le trousseau, le mobilier et autres accessoires obligés ?

Quelle est, dans cette dépense, la part qui revient à Paris ?

Ne peut-on pas affirmer qu'il y a là une dîme,

une véritable dîme à payer, la dîme parisienne.

Règle générale, tout ce qui est fantaisie et luxe, caprice ou superfluité, vient de la capitale, et c'est le contraire pour les objets utiles et nécessaires, pour les choses indispensables et usuelles.

Vous qui habitez la province, faites donc l'inspection de votre domicile, de votre mobilier, de votre garde-robe. Examinez la provenance.

Voilà un meuble de prix, un vêtement élégant, Paris. Un bijou de valeur, un objet d'étagère, une œuvre d'art, un article de fantaisie, une inutilité, Paris, toujours Paris.

Si, au contraire, vous passez en revue les objets utiles, les choses d'un usage quotidien et obligé, les ustensiles et meubles indispensables, tout ce qui constitue enfin le nécessaire, vous ne trouverez rien qui soit de provenance parisienne.

Et plus on descend dans l'échelle des fortunes, plus on va vers les humbles conditions, plus cette loi est certaine et rigoureuse.

Si vous voulez, par exemple, visiter une localité pauvre et isolée, explorer jusque dans les derniers détails une commune rurale et faire l'inventaire de tout ce qui s'y trouve, vous ne trouverez pas un seul objet d'origine parisienne, à l'exception peut-être du bréviaire de M. le curé, de quelques livres d'école et de quelques ornements d'église. A l'exception encore de quelques articles de menue mercerie qui se vendent dans une boutique enfumée où l'on débite à la fois de l'huile et du tabac, de la clouterie et des épices, etc., etc.

Les meubles, c'est le menuisier de l'endroit qui les fabrique, et l'on est généralement content de son travail.

Les chaussures, c'est le cordonnier de la commune voisine, à moins qu'on ne s'adresse aux sabotiers du chef-lieu.

Les vêtements, oh ! ceci est plus compliqué. Il faut suivre une longue filière d'opérations :

Tout d'abord, au printemps, les ménagères sèment du lin et du chanvre. C'est aussi à la même époque qu'elles tondent leurs moutons.

Quand viennent les veillées d'hiver, elles filent ces matières textiles; puis elles portent le tout chez le tisserand le plus proche; puis on appelle le tailleur, et ce sont encore des femmes qui en remplissent le plus souvent les fonctions.

Leur ouvrage n'est pas élégant, d'accord ; mais c'est solide ; ça résiste aux rudes épreuves, et ça dure, voilà l'important.

Enfin tous les ustensiles de ménage, tous les instruments et outils agricoles, tout ce qui constitue l'avoir mobilier de la population, est tiré directement des usines et ateliers à proximité.

De la capitale, rien ou presque rien. Il ne saurait en être autrement dans une contrée où il n'y a que des fortunes et des conditions des plus modestes.

Il n'y a que les commerces à l'adresse de l'aristocratie qui puissent être centralisés.

Vous figurez-vous des terrassiers et des bouviers faisant venir leurs chaussures et leurs habits de cent lieues ; des vachers ou de simples artisans faisant des commandes de meubles à la mode à des maisons en renom ?

Ce n'est pas sérieux ; il n'y a que les classes riches qui puissent se permettre ces dispendieuses fantaisies. Là où s'arrête la fortune et l'opulence, là s'arrête la clientèle de ces industries de luxe dont Paris est le centre.

C'est là un point sur lequel il faut insister.

Nous avons, en commençant, pris l'exemple d'une famille à cent mille francs de rentes. Sur ces cent mille francs, quatre-vingt-dix mille au moins étaient dépensés à Paris dont le budget était grossi d'autant.

Mettez à sa place cent familles ayant mille francs de revenu chaque. Jamais, dans aucune armée, ces cent familles réunies ne demande-

4

ront aux industries parisiennes pour dix mille francs de produits. C'est donc une perte de quatre-vingts pour cent qu'occasionnerait cette substitution démocratique.

———

Nous venons d'énumérer les principales sources de la prospérité de la capitale.

C'est par ces canaux qu'elle aspire les sucs nutritifs qui la font vivre. C'est ainsi qu'elle fait venir à elle et s'approprie une si grande part de la production nationale, et dans cette production, ce qu'il y a de plus précieux et de plus recherché, tous les objets de choix, la quintessence de toutes choses.

Et ce grand mécanisme d'attraction ne limite pas son action à nos frontières ; il l'exerce bien au-delà, dans les contrées les plus lointaines, dans les régions polaires comme sous les tropiques.

Cette colossale pompe aspirante et foulante a des conduites d'amenée qui traversent tous les territoires et tous les océans, se prolongent à l'infini et fonctionnent sur les principaux points des deux hémisphères.

Il y a là un double mouvement de va-et-vient qui ne s'arrête jamais. D'une part sont expédiés les produits de l'industrie parisienne, tous les articles de fantaisie qui portent son nom, les ameublements de luxe, les objets d'art ou de confortable qui vont s'étaler au premier rang dans les magasins des deux-mondes qui ont des prétentions à l'élégance ; les articles de mode que l'on recherche partout à St-Pétersbourg, à Rio de Janeiro, à Vienne, à Madrid, au Caire ; et pour arrêter l'invasion de ces produits, plusieurs nations, les Etats-Unis notamment, ont dû adopter des tarifs douaniers qui sont presque de la prohibition.

D'autre part, et en retour, les pays étrangers et la province envoient leurs meilleurs produits, leurs plus belles récoltes, leur or et souvent l'élite de leur population. Ils expédient régulièment ce qu'ils ont de plus fin, de plus savoureux, de plus remarquable ; puis des valeurs et monnaies de toute sorte, des dollards, des guinées, des roubles, des florins, des banknotes, etc., etc., etc. Puis, enfin et par-dessus tout, leurs personnages les plus distingués et les plus opulents.

Le nombre des étrangers de toute origine qui affluent à Paris, soit pour y résider temporairement, soit pour y faire élection définitive de domicile, est de plus en plus considérable. Les hôtels en regorgent, surtout à certaines époques de l'année.

Ici, les blonds gentlemens du Nord; là, les hommes de couleur des régions torrides.

Sur les promenades et dans les lieux publics, on n'entend parler que des idiomes étrangers; on dirait souvent que les nationaux sont en minorité.

Et n'a-t-on pas dit que l'empereur de Russie avait dû décréter des prohibitions et des peines pour contraindre l'aristocratie russe à rester chez elle, pour l'empêcher de faire invasion sur les boulevards de Paris?

De toutes ces invasions, la plus heureuse, la plus honorable, la plus flatteuse pour nous était celle des grands artistes de toutes les nationalités : des peintres, des statuaires, des musiciens, des maëstros et chanteurs les plus renommés et les plus célèbres. Les premières illustrations du siècle, les Scheffer, Rossini, Steuben, Meyerbeer, Winterhalter, Donizetti, etc., etc., avaient fait de Paris leur patrie adoptive; et de toutes les couronnes que Paris peut mettre sur son front, c'était là la plus honorable et la plus glorieuse.

Y a-t-il autre part qu'à Paris des expositions de peinture et de sculpture dignes de ce nom? Y a-t-il au monde une autre marché pour l'œuvre d'art ? Et les grandes célébrités de la scène lyrique, les ténors de grande réputation, les divas illustres croient-elles avoir atteint l'apogée de la renommée tant qu'elles n'ont pas encore reçu la consécration suprême des bravos parisiens ?

Le littérateur, le poëte, l'écrivain sont attachés au sol natal et ne peuvent s'éloigner du cercle où se parle leur langue; dans les autres branches des beaux-arts, cette attache n'existe pas. L'artiste, le peintre, le musicien peuvent et doivent faire élection de patrie là où leur génie peut se développer avec plus de facilité ; là où l'inspiration vient le plus aisément; dans le milieu où leurs facultés trouvent le meilleur air respirable.

Là seulement ils sont et se sentent chez eux. Là existe une noble émulation et les utiles indications viennent de partout. Là encore leur mérite est mieux apprécié et les applaudissements ont plus de prix. Là seulement ils trouvent un public et des auditeurs dignes d'eux, et une mutuelle sympathie s'établit. Là aussi leur dignité personnelle n'a pas d'ombrages ; ils sont portés plus haut dans l'estime publique et justement honores.

Paris de tout temps, et dans notre siècle surtout, a su réunir toutes ces conditions. Aussi toute cette noble élite du talent et du génie, que notre génération a eu la bonne fortune de voir passer, s'était donnée à nous et s'était faite parisienne, et cette honorable hospitalité avait fait de notre capitale la métropole des arts.

Elle l'est encore.

Mais que faudrait-il pour mettre à néant cette noble suprématie? Oh ! c'est bien simple.

Il suffirait qu'au milieu de toutes ces splendeurs artistiques et de tout ce rayonnement, apparût tout à coup la sauvage, la sinistre figure de la démagogie; de la démagogie triomphante et avinée, victorieuse et irritée ; de la démagogie ayant cette fois bien assis son empire.

Cette apparition, comme le spectre de Banquo, comme les signes de feu du festin de Balthazar, serait le signal de la confusion et de la dispersion générale. Comme dans un subit changement de décors, à l'éclat du jour succéderaient les ténèbres et l'écroulement serait immédiat.

Aussitôt commencerait le défilé définitif; ce serait une lutte de vitesse, un véritable steeple-chase entre toutes les sommités, tous les privilégiés du talent, tous les favorisés de la fortune, toutes les célébrités artistiques, tous les princes de la finance, toutes les aristocraties enfin, pour s'enfuir au plus vite ; et au bout de quelques jours, il ne resterait plus à Paris un seul étranger de distinction.

Il est à ce sujet une question qu'on est amené à se faire.

En admettant — hypothèse inadmissible — qu'un règne semblable puisse se maintenir et durer ; en supposant que Paris fût pendant un temps indéterminé fermé pour tous ceux qui venaient auparavant y chercher le bien-être, le calme et les plaisirs, quelle serait la ville qui hériterait de cette clientèle dispersée ? Quelle serait la cité que cette population cosmopolite prendrait pour son nouveau rendez-vous ?

Les habitudes de la vie commune, la similitude des goûts, le besoin de plaisirs et de distractions rendrait un nouveau choix nécessaire.

Serait-ce Londres qui obtiendrait les suffrages ? Assurément non ; le ciel y est trop brumeux, et l'Angleterre, malgré ses vertus sérieuses, est la terre classique de l'ennui.

Serait-ce St-Pétersbourg où domine davantage le sentiment de l'hospitalité ? Rien que ce nom nous donne le frisson et une sensation de congélation.

Serait-ce Berlin ? Une gigantesque mais fastidieuse et antipathique caserne.

Serait-ce Madrid ? Sol trop aride et soleil trop brûlant. Et quels plaisirs trouver chez un peuple qui depuis des siècles n'a su inventer d'autres divertissements que celui de faire battre ensemble et s'entr'éventrer des bêtes à cornes et des acrobates ?

Vienne ? Insapide, insipide, incolore et monotone.

Rome ? Tour à tour capitale du paganisme et de la chrétienté, ville sainte et foyer révolutionnaire, vieux restes, splendides débris, magique diorama. La visiter une fois est un devoir ; s'enfuir après est un besoin.

Venise ? Ah ! oui, Venise. Voilà un nom de poétique consonnance ; un ciel attrayant et radieux. Venise, la ville du Titien et de tant de célébrités artistiques ; la cité des gondoles et des lagunes qui porta si longtemps la bannière du bon goût et des beaux-arts en tête de la Renaissance et de la civilisation moderne.

Ravissant paysage qui a la mer pour base et les cimes nuageuses des Alpes au sommet. Climat de prédilection, bien préférable, sans nul doute, à celui de Paris ; facilités d'accès tout aussi grandes, et, par-dessus tout, terre classique des belles femmes.

Oh ! oui, ceci paraît décisif, et il est probable, presque certain que c'est là que se porterait la pluralité des suffrages. C'est de ce côté que s'effectuerait le grand déménagement. C'est là qu'on verrait accourir ces légions d'Epicure qui ont pour but avant tout de bien jouir de l'existence.

On a vu depuis longues années nos musées s'enrichir des antiques débris des civilisations disparues. On a vu apporter à Paris, comme de précieuses reliques, ce qui restait des ruines de Ninive et de Babylone, les merveilles conservées de l'art grec et de Rome antique.

Verra-t-on un jour les ruines de Paris recueillies et emportées à leur tour, et cela dans la direction que nous indiquons, ou toute autre ?

Tout ceci, dira-t-on, n'est que rêve et fiction, cauchemar fiévreux, d'accord ; parce que, en effet, l'hypothèse que nous avons faite est inadmissible et que le règne stable de la démagogie n'est pas possible. Mais ce serait une triste et cruelle réalité si nos modernes novateurs pouvaient réaliser tout leur programme.

Oui, plus on approfondit la question, plus on l'étudie sous ses divers aspects, plus on arrive à se convaincre de cette vérité :

La fortune et l'existence de Paris sont intimement liées au maintien de l'ordre social actuel, de cet ordre qui admet, ce qu'il est impossible du reste de réformer, l'inégalité des conditions.

La suppression de ces inégalités, si elle était praticable, serait la ruine de la cité qui ne vit que par l'aristocratie et pour l'aristocratie, en supposant qu'on puisse donner cette qualification aux seuls privilégiés du siècle, aux riches. Les intérêts de cette classe, si l'on peut s'exprimer ainsi, et les intérêts de Paris sont solidaires.

Appauvrir les riches serait blesser grièvement Paris ; ruiner les riches serait réduire Paris à la disette et à la famine.

Du reste, sur ce point, on n'est pas réduit aux indications du bon sens et des considérations théoriques. L'expérience du passé est là pour fournir les preuves les plus irrécusables et compléter la démonstration. Et cette expérience a été faite à plusieurs reprises.

*
* *

La grande révolution de 1789 eut pour premier effet d'affamer au bout de peu de temps la population de la capitale. Dans un intervalle de trois ou quatre années, cette population avait perdu ses principaux moyens d'existence et une notable partie de son effectif. La question du pain était devenue la grave, la dominante et presque l'unique question.

Et c'est à ce cri sinistre que se firent presque tous les mouvements révolutionnaires. Ce fut là la source et la première cause de ces violentes colères et de ces fureurs sanglantes qui eurent Paris pour point de départ et qui rayonnèrent ensuite sur tous les points du territoire.

Pour conjurer la crise, la Terreur eut recours à tous les expédients : Les prétendus accapareurs furent proscrits ; on édicta les lois du maximum ; on prit les mesures les plus radicales pour remplacer par des procédés artificiels les moyens naturels d'existence que la population venait de perdre. On subventionna directement cette population avec l'argent de la France. Sous tous les prétextes et sous les dénominations variées de garde civique, de jurés révolutionnaires, de membres des assemblées primaires, d'agents de la commune, du département, etc., etc., les citoyens furent salariés et reçurent une solde régulière.

Vains efforts, palliatifs impuissants. La disette et la famine n'en poursuivaient pas moins leur envahissement, comme une inondation dont on ne peut arrêter les désastres.

Paris affamé poussait des cris de détresse ; l'irritation y devint extrême, et après une période de souffrance et d'angoisses, c'est de là que partit la réaction en sens contraire. Après avoir donné l'impulsion révolutionnaire, Paris donna le signal de la contre-révolution.

Le peuple envahit la salle des Jacobins et les expulsa à coups de bâton.

Le 13 vendémiaire, an III, c'est-à-dire le 4 octobre 1795, juste trois ans après la proclamation de la République, un soulèvement général éclata.

Toutes les sections, ce qui veut dire toute la capitale, s'armèrent, s'insurgèrent et marchèrent contre le gouvernement républicain, et sans l'intervention des troupes françaises, sans la mitraille du général Bonaparte, la Convention et la République avec étaient jetées par les fenêtres.

Il avait habilement pris ses dispositions l'illustre général, et il donna là une des premières preuves de son génie militaire.

Et n'y eut-il pas alors dans son esprit une arrière-pensée d'égoïsme ? Ne voulait-il pas se réserver l'affaire pour la réaliser plus tard pour son propre compte et à son profit exclusif ?

Il le fit toutefois le 18 brumaire, quatre ans plus tard ; et cette fois le coup réussit sans difficulté ; il fut inutile de tirer le canon ; quelques coups de crosse, quelques coups de pied suffirent.

Et la capitale fut la première à applaudir; elle donna à la France le signal des acclamations enthousiastes qui éclatèrent de proche en proche jusqu'aux derniers confins du territoire.

Cette conduite et ce retour complet d'opinions s'expliquent d'ailleurs et se justifient. N'étaient-ils pas légitimés par des considérations de force majeure ?

Paris, en effet, avait retrouvé ce jour-là ses moyens d'existence. Il pouvait enfin respirer et vivre. Respirer l'air de la liberté, car il était enfin affranchi du joug de ces oppressions féroces ou honteuses qu'il avait successivement subies. Vivre de sa vie naturelle et traditionnelle, car l'ère nouvelle allait rouvrir tous les canaux d'alimentation et de richesse que la sauvagerie révolutionnaire avait bêtement fermés.

La prospérité allait désormais renaître, le progrès reprendre son cours, les embellissements, les agrandissements, l'accroissement de la population revenir de nouveau.

Et pendant un demi-siècle, il n'y eut aucun temps d'arrêt dans cette marche ascendante.

La France eut toutefois, durant cette période,

de bien désastreuses crises à traverser. Elle subit deux invasions ; mais Paris souffrit bien moins que le reste du pays de ces calamités nationales.

Bien plus, et cela prouverait combien les intérêts sont distincts et contraires, on est allé jusqu'à dire, à prouver même qu'il en tira grand profit, et que le triomphe de l'ennemi, l'occupation du territoire furent pour la capitale, au point de vue commercial, une excellente affaire, l'origine de grandes fortunes.

Pour trouver une autre période néfaste, il faut arriver à une autre invasion de la démagogie, à la seconde République, à 1848.

Cette fois encore, tous les travaux sont suspendus, tous les moyens réguliers d'existence compromis, toutes les sources d'alimentation taries, et la population ouvrière de Paris est réduite aux plus dures extémités.

Pour en conjurer les ravages, il faut encore recourir aux expédients artificiels et organiser, sous le nom dérisoire d'*Ateliers nationaux*, des distributions de vivres aux frais de la France.

Pendant quatre mois, on vit tous ces hommes, au nombre de plus de cent mille, ces hommes qui avaient vécu jusqu'alors du légitime fruit de leur travail, obligés de venir tendre la main pour demander le pain quotidien, la pâtée de tous les jours, — misérable salaire d'un travail fictif.

A l'aisance avait succédé tout à coup la misère et la mendicité, et il fallut leur livrer une sanglante bataille pour leur rendre le bien-être et la dignité de citoyen.

Triste et navrant spectacle que de voir des malheureux frapper avec rage la main qui les nourrit et répondre aux services rendus par de la haine aveugle et de stupides fureurs !

Par quelle déplorable transformation le peuple, qui avait la réputation d'être le plus spirituel du monde, est-il devenu le peuple le plus sot de l'Univers ?

Partant de cette date désastreuse, on entre dans une période de prospérité sans exemple, de progrès merveilleux : Le second Empire.

Cette époque sera toujours pour Paris la grande époque.

Il n'y eut jamais dans le passé, il n'y aura certainement jamais dans l'avenir une aussi rapide succession d'immenses agrandissements, d'embellissements prodigieux, ni une pareille affluence de richesses.

Mais après cette ère fortunée, on aboutit encore à une crise désastreuse.

Encore une crise révolutionnaire, compliquée cette fois de l'invasion étrangère.

Les rigueurs du siége d'abord, puis une nouvelle explosion de fureurs démagogiques ; le règne de la Commune.

Cette sauvage et idiote rébellion, plus forcenée que les précédentes, fut heureusement comprimée au plus vite et étouffée dans son foyer. Et cela pour le plus grand bien de tous, des vaincus comme des vainqueurs.

On se demande avec effroi ce qui serait advenu de ces pauvres révoltés si, pour leur malheur, ils avaient été victorieux.

C'est bien simple : dans quelques jours ils auraient été réduits à la famine ; comme les naufragés de la *Méduse*, ils se seraient entre-déchirés et entre-dévorés.

Les rigueurs de la répression qui suivit leur défaite n'étaient rien auprès des horreurs que leur réservait un triomphe. Si jamais la Providence, dans ses sévères décrets, veut sévir contre les communards, elle n'aura qu'à les soumettre au règne, au despotisme des communards. Cette fois la punition sera cruelle et le châtiment définitif.

Vous figurez-vous, en effet, Paris occupé, gouverné, opprimé par les hordes victorieuses de la démagogie ? Voyez-vous la ville des fêtes, de l'opulence, des plaisirs et des arts, sous le joug de ces multitudes avinées et enivrées par l'orgueil du triomphe ?

D'abord, dès le premier jour, commence le sauve-qui-peut général. Quiconque peut s'en aller s'en va, chassé par le dégoût et par de trop légitimes frayeurs. Tous les hôtels sont vides ; des quartiers entiers sont déserts. Bientôt les vivres deviennent rares ; les marchés ne sont plus approvisionnés. Dès les premiers jours, on a tout bu. Ceux qui faisaient venir régulièrement le pain quotidien sont absents ; les sources d'alimentation se tarissent une à une.

La province ne demande plus rien et par conséquent n'envoie plus rien. Au bout d'un mois, d'un trimestre si vous voulez, quoique ce délai soit bien long, l'irritation est générale. Les sentiments de haine farouche qu'on a depuis si longtemps inoculés dans le cœur de la population, se manifestent et éclatent de toutes parts.

Une nouvelle révolution s'accomplit ; les idoles de la veille sont expulsées, maltraitées, fusillées même quelque peu.

Un nouveau pouvoir est installé. Entraîné par le courant qui passe, il a recours à des mesures de rigueur. Au lieu de produire l'effet espéré, ces mesures produisent l'effet contraire ; au lieu de remédier au mal, elles l'enveniment et l'aggravent.

Les affaires vont de plus en plus mal ; la désertion, le dépeuplement continuent sur une plus grande échelle ; les vivres se raréfient encore ; la faim commence à prendre le peuple à la gorge. La question du pain, la suprême question, apparaît dans toute sa hideur.

Nouvelle irritation, récriminations plus violentes encore, accusations, dénonciations, nouvelle révolution, autres proscriptions.

Le premier pouvoir révolutionnaire avait duré trois mois, le second ne peut atteindre trois semaines. Le troisième a surtout recours au moyen traditionnel : tirer sur la province ; décréter des centimes additionnels.

Mais, ô terreur ! cet expédient fait tout à coup défaut. Il aboutissait bien autrefois, alors que les rouages administratifs organisés par la réaction fonctionnaient régulièrement. L'impôt passait des mains des contribuables aux mains des comptables, et de là presque intégralement dans les caisses centrales. Aujourd'hui tout cela est changé ; l'exemple de la capitale a été suivi partout ; l'anarchie est générale ; ce sont des citoyens aux idées avancées, des comités de patriotes, des bandes de frères et amis qui se sont emparés de la perception.

Ils perçoivent bien, en effet, autant du moins que le permet la situation désastreuse des affaires; mais quand on leur demande leurs comptes, ils répondent que les rentrées ne se font plus et qu'en réalité la démocratie du crû a ses besoins, comme celle des grands centres. Bref, on a beau regarder à l'horizon, on ne voit plus rien venir des départements.

Oh! pour le coup, c'est le coup de grâce. L'irritation arrive au paroxysme; les esprits surexcités par la diète et les privations de toute sorte entrent en délire.

Survient une crise suprême d'anarchie, affreuse orgie, sanglante descente de la Courtille. On se bouscule, on se bat, on se fusille, on a recours à des violences inédites, à des excès inconnus.

Chaque jour on voit apparaître une combinaison nouvelle; dans un mois, on voit défiler à tour de rôle trois triumvirats et quatre dictatures. Le pouvoir souverain ne reste jamais une semaine dans les mêmes mains; les chefs désignés par l'élection sont tour à tour acclamés et précipités.

La division se met aussi dans la cité. La rive gauche a son gouvernement; la rive droite le sien. Les différents quartiers imitent cet exemple.

Enfin, après une scène finale d'égorgement

général, après un dernier accès convulsif, survient un morne et solennel silence, un silence d'agonie. Mais, au bout, une immense clameur; un cri général formé de tous les cris retentit tout à coup.

C'est enfin le réveil. La détresse universelle, les tortures de la famine ont enfin fait l'unanimité. Tous sont d'accord. Il n'y a plus qu'un vœu, qu'une volonté unique.

On veut un maître, un chef, un empereur, un roi.

Quel sera-t-il? Peu importe, pourvu qu'il soit bien absolu et tout à fait despote, un tyran accompli enfin.

Mais lequel encore? Sera-ce Pierre? Sera-ce Paul? Sera-ce vous? Sera-ce moi?

Oh! certes non. Revirement complet; réaction absolue. C'est un sujet de sang royal, c'est un personnage auguste, c'est un grand nom monarchique que l'on exige à tout prix. Tout prétendant de condition vulgaire serait traité de misérable aventurier et brutalement éconduit.

Le choix est arrêté ainsi. Paris propose et, comme toujours, la France dispose suivant ses propositions. Les quelques opposants qui osent élever la voix sont honnis, hués et traités comme les marmitons de notre apologue.

Ainsi finirait la pièce que l'on pourrait appeler comédie, s'il n'y avait pas eu tant de sang versé et tant de ruines accumulées. Et la France aurait après devant elle une large marge de calme et de prospérité, une ère fortunée d'une longue durée.

⁎

Mais sortons de ce cercle de noires visions et reprenons le cours de notre démonstration.

Le problème à résoudre ne peut avoir qu'un but avouable, et il doit se poser ainsi :

Accomplir une révolution dans l'intérêt du plus grand nombre; opérer des réformes qui aient pour effet d'améliorer la condition des masses.

Et ce problème doit être examiné et discuté avec calme et sang-froid, si faire se peut, sans passion, sans parti-pris ni esprit de parti, comme s'il s'agissait d'une question scientifique, d'un point d'algèbre, de géométrie, de science exacte.

Jusqu'à ce jour la seule solution proposée, agitée, a été celle que nous avons dite :

Prendre aux uns pour donner aux autres; dépouiller le riche pour enrichir le pauvre.

That is the question.

C'est là la question, et pour la multitude démagogique il n'y en a pas d'autre.

Lorsque les masques tombent et que la phraséologie de convention est mise de côté, c'est là le grand point, le seul point agité.

Il faut le dire, le redire et le répéter encore, c'est là la seule aspiration et le seul but des masses ; tout le reste n'est que détails secondaires et accessoires dignes de mépris.

Amélioration de leur sort aux dépens des prétendus privilégiés, telle est la pensée qui a cours partout. Elle se produit au grand jour ; elle est politiquement discutée dans les clubs et réunions populaires ; elle s'étale dans les journaux et publications démagogiques ; elle s'agite dans tous les cabarets, dans tous les ateliers, dans les boutiques et échopes et jusque dans l'entourage de ceux qu'il s'agit de spolier ; elle se propage jusqu'aux points les plus reculés du territoire.

Elle apparaît sous toutes les formes. Tantôt sous la figure anodine d'une simple et insignifiante réforme économique ; tantôt sous l'aspect plus franc d'une grande mesure révolutionnaire.

C'est à la tribune française et à l'Assemblée nationale, le 15 mai 1848, que le citoyen Barbès fit sa fameuse motion :

L'impôt d'un milliard sur les *riches*.

Un milliard ! Rien que cela, sur une seule catégorie de citoyens.

Et avec la dépréciation qui avait tout frappé à cette époque néfaste, tout étant devenu non-valeur, l'application rigoureuse de la mesure eût fatalement entraîné la ruine et l'expropriation de tous les possesseurs de la fortune.

Quelques jours auparavant, le Gouvernement Provisoire avait, dans une proclamation officielle, affirmé avec éclat la légitimité, la nécessité de l'impôt progressif.

Cette autre doctrine, plus inoffensive en apparence, si elle eût été mise en pratique par les frères et amis avec l'aide de répartiteurs et agents aux idées avancées, serait arrivée aux mêmes résultats.

Et ne sont-ce pas encore les mêmes dangers que cache cette théorie si équivoque, si louche, si difficile à bien définir, de l'impôt sur le revenu? Formule élastique qu'une interprétation exagérée transformerait en spoliation.

Elles sont plus nettes, plus intelligibles, ces phrases de clubs qu'on a si souvent entendues résonner :

Répartition plus équitable des charges et des avantages sociaux ;

Réparation de choquantes inégalités ; rétablissement d'un juste équillibre ; abolition des iniques priviléges, du capital, etc., etc.

Mais, au fond, la signification est toujours la même ; et, dans leur langage réaliste, les partageux, les communards traduisent ainsi toutes ces théories :

Pierre possède cent hectares de terre, et je n'en ai pas un seul lopin ;

Paul a sa cave largement approvisionnée de bon vin, et pour étancher ma soif, plus intense que la sienne, je n'ai que les litres de bleu du cabaret ;

Jacques a plusieurs vêtements confortables, et je n'ai qu'une blouse ;

Il faut en finir avec ces révoltantes, horribles, monstrueuses iniquités.

Dépouiller le riche et partager ses dépouilles, tel est le but, disons-nous.

Cette doctrine, il faut le répéter, nous n'entendons pas la discuter au point de vue moral et d'après les considérations de droit et d'équité. Nous la supposerons parfaitement licite et honnête.

Nous n'examinerons pas non plus les difficultés, les impossibilités que présenterait l'application pratique.

Il y aurait à démontrer, à ce point de vue,

qu'en la supposant réalisable, le résultat obtenu serait le contraire du résultat espéré ; qu'elle porterait une atteinte mortelle à la production ; qu'elle ne réaliserait que l'égalité dans la misère, et qu'exceptionnellement désastreuse pour quelques-uns, elle serait en définitive préjudiciable pour tous.

Mais ce serait là sortir du cadre que nous nous sommes tracé. Le seul but de cette étude est de bien établir le point suivant :

La révolution sociale, que méditent nos démagogues, serait une calamité pour le plus grand nombre d'entr'eux ; ses premières victimes seraient ses plus chauds partisans d'aujourd'hui.

La capitale serait d'abord impitoyablement sacrifiée.

Paris compte aujourd'hui près de deux millions d'habitants qui vivent dans une aisance relative, qui vivent mieux qu'on ne vit dans le reste du pays.

Passez le niveau égalitaire, cette population sera réduite des trois quarts ; il n'y aura plus place que pour 500,000 habitants au plus.

Et le revenu moyen serait diminué dans des proportions encore plus fortes.

En tenant compte des enfants, des femmes,

des vieillards et des infirmes, ce revenu moyen peut être actuellement évalué à 3 fr. 50 par jour et par tête, approximativement. Il serait ramené au-dessous de la moitié de ce chiffre, par exemple à 1 fr. 50.

A l'heure actuelle, on peut affirmer que Paris a de un à deux milliards de rente ; ce revenu serait réduit au huitième ou au dixième, soit à deux cents millions ou trois cents millions au plus.

Perte des trois quarts de l'effectif ; réduction de l'effectif restant à la demi-ration au moins : tel serait, en définitive, le résultat obtenu.

Et il n'y a pas d'exagérations dans ces évaluations.

Pour que les réformes proposées pussent avoir une influence apréciable et sérieuse sur la condition de plus de trente millions de personnes, il faudrait qu'elles fussent complètes et radicales. Point de demi-mesures.

Suppression sans pitié, proscription sans merci de tout ce qui est superflu ; lois somptuaires des plus sévères prohibant toutes les inutilités, toutes les fantaisies, toutes les superfétations, tous les caprices de la mode, toutes les choses de luxe, toutes les gourmandises, en un mot tous les objets au-dessus du commun. Telle devrait être la règle impitoyable.

Ce qu'il faudrait éviter avant tout, c'est qu'une révolution profonde, accomplie sous prétexte d'intérêt public, n'aboutît qu'à la satisfaction de convoitises individuelles, de rancunes et de jalousies personnelles, et fût, en définitive, sans profit pour la généralité ; à plus forte raison, qu'elle ne lui fût préjudiciable, ce qui pourrait parfaitement arriver.

Supposons qu'il y ait actuellement un million d'aristocrates, ou de personnes pouvant raisonnablement recevoir cette qualification.

Si on leur substituait tout simplement un nombre triple, quadruple, décuple même de petits, de tout petits aristocrates, moins bien partagés que les premiers, mais en revanche beaucoup plus nombreux, la masse ne serait aucunement allégée ; bien plus, elle aurait une plus lourde charge à supporter.

Et c'est malheureusement de ce côté que vont les tendances. Ce n'est pas l'amour du peuple et le louable désir de le soulager qui animent nos démocrates ; mais, au contraire, l'envie de grimper sur les épaules du peuple, de s'élever au-dessus de lui ; de se faire ainsi, en dehors de lui et à ses dépens, une situation exceptionnelle ; de se constituer en aristocratie nouvelle.

C'est là un point hors de doute : pour qu'un nivellement général fût avantageux pour les masses, il faudrait qu'il fût radical et complet.

Il faudrait qu'il eût pour premier principe la proscription inexorable de tout ce qui est luxe ou superflu ; la suppression de tout ce qui sort du strict nécessaire, et, conséquence forcée, l'anéantissement de toutes les industries qui ne sont pas rigoureusement indispensables.

Qu'est-ce, en réalité, qui constitue la fortune du riche ? C'est la somme de travail industriel, c'est le total de main-d'œuvre dont il peut disposer pour son avantage personnel.

Le millionnaire, par exemple, peut se définir : l'homme qui a la faculté de faire travailler quotidiennement pour son propre compte, pour la satisfaction de ses goûts, besoins et fantaisies, une centaine de personnes et plus ; de même que les barons du moyen-âge pouvaient lever et entretenir à leur solde une compagnie d'hommes d'armes, à l'effet principal de faire bonne et grande figure dans le monde féodal.

Le jour où ce millionnaire et ses pareils seraient dépouillés de leur fortune, tout ce monde attaché à leurs personnes, sans que cela soit apparent, serait sans ouvrage et sans ressources. Et il faudrait qu'il allât chercher de l'occupation dans ces ateliers où l'on travaille pour le peuple, là où l'on confectionne les choses de consommation usuelle, le nécessaire, l'indispensable.

C'est là une vérité qui, à force d'évidence, ressemble fort aux axiômes célèbres de M. de La Palisse.

Pour réaliser le rêve des docteurs du radicalisme, il faudrait, rigoureuse conséquence :

Licencier l'armée industrielle et commerciale qui fonctionne et produit pour les privilégiés de la fortune, et supprimer sa solde ;

Remercier et renvoyer à d'autres destinations toutes ces corporations et tous ces corps de métier qui ne sont en somme que les serviteurs de l'aristocratie : bijoutiers et doreurs ; parfumeurs et coiffeurs ; fleuristes et modistes ; cuisiniers et confiseurs ; ébénistes et mouleurs ; concierges, valets et soubrettes ;

Ouvriers en soie, dentelles, meubles de luxe, crinolines, faux chignons, cuirs vernis et objets de fantaisie ;

Marchand de bonbons, colifichets, friandises, excentricités culinaires ;

Nouveautés et fleurs artificielles, châles et tapis, bibelots, carrosserie élégante ;

Œuvres d'art, etc., etc., etc.

Et cela, depuis les chefs jusqu'aux simples soldats, depuis les négociants en gros jusqu'aux derniers commis. Et, en descendant l'échelle, les serviteurs de ces serviteurs ; les troupes auxiliaires attachées aux services les plus vulgaires.

Tout ce personnel si nombreux devrait être enrôlé dans les rangs des industries qui fonctionnent pour le peuple ; attaché surtout aux travaux des champs, aux constructions rurales, aux travaux de terrassements, grosse charpente ou grosse maçonnerie ; à la confection des sabots ou gros souliers, des vêtements de gros drap et cotillons de bure, des meubles rudimentaires, des ustensiles de ménage, des charrues de labour ; en un mot, de toutes choses d'indispensable utilité.

Comme, dans toutes ces productions, la finesse du travail et l'habileté de l'ouvrier ne sont que secondaires ; comme c'est surtout la dépense de force physique et d'efforts musculaires qui est le principal, il y aurait nécessairement à cet égard un autre nivellement à faire.

Par exemple, dans l'état actuel des choses, la journée de terrassier, de l'homme qui travaille en plein air, été comme hiver, dans des fossés fangeux ou sur des rocs de difficile extraction, est payée de 2 fr. 50 à 3 fr. Celles du tailleur, du bijoutier, de l'ébéniste, de tous les ouvriers qui font l'ouvrage fin, qui travaillent à couvert et sans efforts pénibles, sont cotées en moyenne le double.

C'est là encore une iniquité qu'il faudrait abolir, et elle serait abolie naturellement par la force des choses. Ce serait un des premiers effets de la révolution accomplie.

Et les industries de luxe proprement dit ne seraient pas les seules atteintes. Il en est d'autres, plébéiennes et utilitaires en apparence, qui seraient tout aussi rudement frappées.

Prenons pour exemple la plus importante de toutes, l'industrie du bâtiment.

Combien de milliers de maçons occupent actuellement les travaux d'agrandissement, d'embellissement, de restauration de la capitale ? C'est innombrable.

Et combien en resterait-il après le passage du niveau égalitaire ?

Combien ? Mais pas un seul, à l'exception toutefois de quelques gâcheurs de dernier ordre, chargés d'indispensables travaux de ragrément, récrépissage et consolidation.

Le problème ne serait plus de bâtir de nouvelles maisons, mais tout simplement d'empêcher les anciennes de s'écrouler. Et cette tâche ainsi réduite serait encore au-dessus des ressources.

Encore des troupes à licencier ou à renvoyer dans leurs foyers, et du même jour : une grande partie des charpentiers, menuisiers et serruriers, bouchers et boulangers et autres métiers que l'on dirait de prime-abord affectés aux besoins du peuple.

C'est au compte de l'aristocratie qu'il faut porter les trois quarts de la houille brûlée, des forces motrices, des chevaux-vapeur qui fonctionnent tous les jours à Paris.

Pour confectionner les crinolines, les faux chignons et autres articles qui sont le nec plus ultra de l'inutilité, il faut la coopération de mécaniciens, chauffeurs et autres ouvriers aux rudes travaux.

Et si le radicalisme n'avait que de semblables réformes à opérer, grand nombre de conservateurs se feraient volontiers radicaux.

Toutes ces superfluités devraient être proscrites, tous ces travaux suspendus, et une foule de professions supprimées, ou tout au moins considérablement réduites.

Ce qu'il y a d'étrange, c'est que c'est précisément dans ces milieux que fermente avec le plus d'intensité l'esprit révolutionnaire. Ce sont ceux qui auraient le plus à souffrir d'une subversion sociale qui sont les plus ardents à la demander.

On se rend difficilement compte d'une pareille aberration.

A-t-on jamais vu les populations assises sur les rives d'un fleuve sujet aux débordements, s'opposer aux travaux qui doivent prévenir les inondations ?

A-t-on jamais vu les contrées vinicoles appeler de leurs vœux l'invasion de l'oïdium ou du phylloxera ?

Ce ne serait pas plus sot.

Ces pauvres insensés, aveuglés par de trompeuses apparences, exaltés par des prédications mensongères, se croient victimes de l'ordre social actuel. Ils seraient bien cruellement désillusionnés en présence de la condition nouvelle qui leur serait forcément réservée.

Et les conséquences que nous signalons seraient inévitables ; elles seraient la suite forcée de la table rase qui est dans la pensée des docteurs du socialisme.

Bien plus, elles résulteraient des mesures bien moins radicales que proposent ceux qui sont les plus modérés dans le parti.

Prenons un exemple :

A chaque crise révolutionnaire, et même souvent dans les temps calmes, on voit les populations ouvrières s'agiter pour obtenir de meilleures conditions, la réduction des heures de travail, notamment. Que de grèves organisées dans ce but !

Un décret du Gouvernement Provisoire de 1848, à la date du 2 mars, portait textuellement :

La journée de travail est diminuée d'une heure.

En conséquence, à Paris, où elle était de onze heures, elle est réduite à dix, et en province, où elle avait été jusqu'à ce jour de douze heures, elle est réduite à onze.

Voilà qui est net et précis.

On pourrait se demander d'abord pourquoi cette première inégalité entre la capitale et le reste de la France. Mais passons.

La journée de travail est réduite d'une heure. Voilà la loi nouvelle, la règle générale, applicable sans exception à toutes les industries, et nécessairement, il ne faut pas en douter, à la première, à la plus importante des industries, à l'agriculture ; à l'industrie qui produit l'alimentation publique ; à l'industrie qui n'aurait qu'à se mettre en grève et à se croiser les bras pendant une saison pour que tout le monde mourût de faim; à la mère du pain.

S'il en est une qui doive profiter des bénéfices de la nouvelle mesure, c'est bien sans contredit celle-là. Nul ne serait assez osé et assez impudent pour soutenir le contraire.

Une heure de travail en moins pour chaque jour ouvrable.

Très bien.

Or, s'il est une proposition digne de figurer parmi les axiômes de M. de La Palisse, c'est bien la suivante :

Le produit obtenu est en raison directe du travail consacré.

Diminuant le travail d'un douzième, la production sera réduite dans la même proportion.

Dans l'espèce, les ateliers de culture qui fournissaient douze pains n'en donneront plus que onze.

Et comment combler ce déficit? Il n'y a que deux moyens :

Ou bien la diète et l'abstinence; — on mangera les onze premiers jours et on jeûnera le douzième;

Ou bien on devra remplir le vide en augmentant le personnel attaché au travail agricole.

Impossible de sortir de cette alternative. C'est là encore du La Palisse.

On ne saurait penser au premier procédé : l'alimentation générale n'est déjà ni trop abondante, ni trop succulente.

Reste donc le second moyen.

Il y a en France près de vingt millions d'agriculteurs. C'est donc un contingent nouveau de près de deux millions de personnes qu'il faut leur adjoindre.

Et où faire cette levée extraordinaire ?

Nécessairement dans les rangs des industries d'une utilité contestable, dans les professions qui se rattachent au superflu. Encore du La Palisse, et toujours du La Palisse.

C'est cependant à de pareilles extrémités qu'il eût fallu en venir si l'on avait voulu exécuter sérieusement et partout le décret de Gouvernement Provisoire.

C'étaient là les conséquences obligées d'une mesure présentée comme une innovation sans importance, comme un simple règlement de discipline intérieure.

Heureusement, le bon sens public en fit justice, dans les campagnes du moins ; tous continuèrent à travailler comme par le passé, et suivant la tradition.

Dans la plupart des villes, dans les grands centres surtout, l'application, par une cruelle dérision, n'en fut que trop facile et trop large.

L'inauguration du pouvoir républicain amena du coup, non pas la réduction, mais la suspension du travail. A Paris surtout cette disparition subite et générale imposa l'organisation d'urgence des ateliers nationaux. Il fallut suppléer au travail sérieux et productif par le travail fictif et dérisoire ; opération qui, jugée d'après les règles ordinaires de la comptabilité, se liquida à peu près ainsi :

Dépense : vingt millions. Besogne faite : deux cent mille francs.

Mais il fallait bien donner à manger à plus de deux cent mille ouvriers sur le pavé et à leurs familles. Le nouveau régime avait privé tout ce monde-là de toutes ses ressources, et la France ne pouvait pas les laisser mourir de faim.

L'irruption de la démagogie avait tari instantanément toutes les sources de vie et arrêté le jeu de toutes les industries nourricières. Cela devait fatalement arriver, car toutes ces industries sont solidaires de l'ordre social actuel.

Toutes ou presque toutes, car, pour ne pas exagérer et rester dans les limites de la stricte vérité, il faut reconnaître qu'il y a quelques exceptions.

Nous voulons parler de ces branches de

commerce qu'une subversion radicale ne saurait atteindre, parce qu'elles fonctionnent en vue de l'utile et produisent des objets d'une absolue nécessité. Leur concours est indispensable aux démocraties, comme aux aristocraties.

Dans le nombre doivent figurer :
Les fabriques d'instruments de mathématiques, physique, optique, médecine, chirurgie; l'horlogerie de précision ;
Les fabriques de produits chimiques et pharmaceutiques ;
La librairie, à l'exception toutefois de la librairie de luxe qui devrait subir le sort commun ;
Les établissements d'instruction, les écoles, les facultés, qui par le fait sont des manufactures où l'on confectionne le savoir, les aptitudes spéciales. Quelle que soit la rage de nivellement, on ne saurait admettre qu'elle aille jusqu'à rabaisser l'intelligence au niveau de l'ignorance ;
Quelques établissements de crédit, banques, caisses, qui pourraient exceptionnellement survivre au grand naufrage ;
Puis ces industries d'une utilité contestable, mais dont les produits, à raison de leur bon marché, sont à la portée de toutes les bourses :

la menue mercerie, la passementerie commune, la bijouterie en faux, les contrefaçons d'argenterie, la bimbeloterie à bas prix, etc., etc.

Mais au milieu du grand mouvement commercial de la capitale, toutes ces branches ne sont que de rares, infimes et insignifiantes exceptions.

* * *

Nous disons que Paris serait la première victime du radicalisme

C'est là peut-être une erreur, car il est en France une autre cité où le désastre serait plus complet, et, toujours par la même contradiction inexplicable, cette cité est encore un ardent foyer de démagogie.

C'est de Lyon que nous voulons parler.

Lyon, la ville de la soie, la grande fabrique des riches tissus, des velours, des damas, des satins, des brillantes tentures, de toutes ces splendides étoffes aux dénominations si variées.

Ce sont là les manifestations extérieures les plus saillantes du luxe aristocratique.

Ce devrait être là le premier point de mire du radicalisme.

Pour être conséquent avec lui-même, il devrait dès l'abord poser ce principe, que toutes les choses qui ne peuvent profiter qu'à quelques-uns, dont une minorité privilégiée peut seule user, doivent être impitoyablement proscrites.

Et ce serait le sort de ces tissus de luxe que tous les progrès du monde ne pourront jamais mettre à la portée de la généralité.

Oui, pour tous les autres grands centres manufacturiers et commerciaux, pour Lille, pour Rouen, pour Marseille, pour Bordeaux, etc., la grande crise égalitaire serait relativement bénigne.

Mais Paris serait mortellement atteint; et Lyon tué du coup.

RÉSUMONS ET CONCLUONS

Paris est le grand centre démagogique de France et de l'étranger ; le foyer le plus ardent du radicalisme.

Les trois quarts de la population aspirent après un bouleversement profond, dont le but serait de niveller les conditions.

Cette pensée se lit sur les figures, se traduit dans les actes.

Les manifestations successives et réitérées de l'opinion prouvent qu'elle suit son cours et fait tous les jours des progrès.

Il y a là deux peuples en présence.

Le premier, qui est le plus nombreux, a inscrit sur son drapeau de pompeuses formules, des maximes humanitaires. Il prétexte le bien public. Il affiche des programmes qui feraient croire à une mission sainte.

Mais, au fond, il n'a qu'un but : l'escalade et l'effraction générale ; le nivellement, la proscription de la fortune.

Dégagée de toute phraséologie et réduite à sa plus simple expression, c'est là la question.

Son projet, qu'il a du reste essayé à plusieurs reprises de mettre à exécution, c'est de fondre sur la minorité pour la spolier, et la proscrire si besoin est.

Et pour défendre la minorité contre ce complot permanent, il faut des forces militaires considérables, des corps d'armée qui font le guet sans relâche, des bataillons d'élite, des myriades d'agents de police.

Et il n'y a ni trève ni merci dans ces tentatives incessantes d'insurrection.

Pendant le siége, alors que l'invasion étrangère avait enfermé l'enceinte de la capitale dans une autre enceinte continue de fer et de feu ; alors que les troupes de la France marchaient à l'ennemi et allaient au combat plutôt pour sauvegarder l'honneur national que dans l'espoir de délivrer la patrie, les bandes de la démagogie parisienne, ces bandes de l'émeute qui n'ont jamais tiré que sur des soldats français, entreprenaient aussitôt une autre campagne.

Suivant leur plan traditionnel, elles faisaient

irruption à l'intérieur pour donner l'assaut au pouvoir, s'emparer du gouvernement du pays et faire sur des ruines l'application de leurs doctrines insensées et criminelles.

Les malheureux qui avaient entrepris la difficile, l'impossible tâche de la défense nationale, se trouvaient ainsi entre deux guerres : celle du dedans, plus acharnée, plus violente, plus haineuse, plus périlleuse que celle du dehors.

Leur vie était sans cesse en péril, et quand ils allaient en parlementaires dans le camp allemand, ils ne pouvaient se défendre d'un sentiment de soulagement, de ce bien-être que donne une sécurité inaccoutumée.

Ce qui démontre bien la profonde justesse des paroles de l'empereur Napoléon Ier :

On lui proposait, en 1814, d'armer la population de Paris et de l'organiser en garde nationale.

« Hélas ! répondit-il, il nous faudrait ensuite une armée pour nous garder de cette garde. »

Cela est honteux, mais cela est.

En cas de grand péril national, d'invasion étrangère, le concours que la capitale peut prêter à la France est négatif. Les forces qu'il faut sacrifier pour y maintenir l'ordre et la sécurité de la population honnête, ne sont pas compensées par les ressources que peuvent fournir les contingents locaux.

A Londres, c'est tout différent, et la comparaison n'est pas flatteuse pour notre amour-propre. Les difficultés extérieures suspendent les dissensions intérieures et établissent du coup la trêve des partis. Les citoyens paisibles s'enrégimentent volontairement, s'arment de gourdins et s'honorent de se faire momentanément agents de police.

Cette manifestation suffit pour maintenir l'ordre, et toutes les forces de l'Angleterre sont disponibles.

A Paris, au contraire, la guerre civile est la guerre de prédilection. C'est de ce côté que vont les ardeurs et les entraînements les plus violents. C'est là la terre classique de l'émeute et des soulèvements révolutionnaires.

Sur ce terrain, la suprématie de notre capitale est souveraine, et son influence toute-puissante.

Cette influence domine toujours et s'exerce dans le domaine de l'opinion, comme dans le domaine des faits.

C'est de ce centre que part l'impulsion démagogique, pour les idées comme pour les actes.

Si Paris sommeille, la France s'endort. Si Paris se réveille et s'agite, l'agitation se propage aussitôt dans tout le reste du pays.

Il en a été toujours ainsi. Mais un fait tout récent en a fourni une preuve nouvelle et bien décisive.

Les élections générales de 1871, qui suivirent nos grands désastres, se firent alors que Paris était encore cerné et bloqué, et ne pouvait, par conséquent, exercer d'action en dehors de ses murs. Les élections furent presque partout conservatrices, ultra-conservatrices. — La France n'avait obéi qu'à ses propres inspirations.

Quelques semaines après, il fallut procéder à des élections complémentaires. Élections partielles, mais nombreuses; une centaine environ.

Cette fois, l'action de la capitale avait pu s'exercer par l'exemple, par la propagande, par toutes les excitations habituelles.

En peu de temps cette influence avait porté ses fruits. Le courant d'opinion avait changé. Les résultats du scrutin furent tout-à-fait contraires.

Du reste, c'est là un point hors de doute, et

toute controverse serait oiseuse, — Paris a toujours eu des instincts révolutionnaires. L'esprit d'opposition, d'insubordination et de révolte y a toujours dominé, et aujourd'hui ces funestes tendances ont atteint leur apogée.

La majorité de la population aspire follement après un bouleversement radical de la société.

Un autre point moins litigieux encore, nous croyons l'avoir largement démontré, c'est que ce bouleversement serait la ruine et presque l'anéantissement de Paris.

Sa vaste enceinte renferme actuellement près de deux millions d'habitants.

Ce nombre serait réduit, réduit de plus de moitié, probablement au quart.

La suspension des affaires d'abord, la désertion et la pénurie ensuite, puis enfin la disette et la famine se chargeraient d'opérer progressivement cette grande élimination.

Une capitale de cinq cent mille âmes serait un maximum sous un régime égalitaire. Et cette portion restante, débris d'une agglomération dispersée, cette minorité qui aurait pu résister à la tempête et se maintenir sur le sol, serait encore cruellement éprouvée; elle serait réduite à la demi-ration et peut-être à des conditions plus dures encore.

Avec les sources de sa prospérité matérielle, Paris verrait en outre disparaître son ancien prestige, son vieux renom, sa puissance d'attraction et tout l'éclat qui a fait sa gloire dans le passé.

Mais cette dernière considération ne saurait avoir d'importance pour les sectaires des théories nouvelles.

A la fin du règne de la Commune, un groupe d'incendiaires avait eu pour mission de mettre le feu au Louvre, au centre de nos collections artistiques.

Quelques amis des arts, qui se trouvaient là, s'élancèrent pour les arrêter et les dissuader de mettre leur consigne à exécution.

Ils parlèrent avec chaleur et de leur mieux. Ils prièrent, supplièrent et cherchèrent à faire comprendre à ces malheureux ce que leur projet avait de sauvage et de criminel.

Incendier les merveilles de l'art ; détruire les chefs-d'œuvre de l'antiquité ; brûler des Raphaël !

Ce fut en vain. Leurs discours ne furent pas compris.

« Des Raphaël ! » répliqua un de ces forcenés, dans ce jargon guttural et abject que l'on sait ; « Est-ce que ça se mange ça, des Raphaël ? »

Ces quelques paroles n'étaient-elles pas la traduction exacte de l'opinion du parti en matière de gloires artistiques et littéraires ?

Il est toutefois une question qu'il importe de poser préalablement, un dilemme à soumettre à messieurs de la démagogie ; et il faut le faire en ces termes.

Citoyens !

Êtes-vous de ces hommes désintéressés et convaincus, qui poussent l'abnégation jusqu'à sacrifier leurs intérêts propres pour le triomphe d'une idée ?

De ces hommes de plus en plus rares qui trouvent une compensation aux plus pénibles sacrifices dans le succès de leurs croyances, convaincus qu'ils sont que ce succès sera un bienfait pour la généralité ?

En ce cas, il n'y a rien à vous objecter, et l'on doit même s'incliner avec respect devant votre noble dévouement.

Mais si, au contraire, c'est un sentiment d'égoïsme — bien naturel, nous le reconnaissons — qui vous anime ;

Si c'est l'attente d'une vie matérielle meilleure, l'espoir d'améliorer votre condition qui vous fait agir ;

Si vous comptez tirer un profit personnel des bouleversements que vous méditez ;

C'est bien différent. Votre illusion est bouffonne et doit faire pitié.

Vous vivez côte à côte avec l'opulence ; vous la coudoyez tous les jours ; elle vous éclabousse ; elle vous froisse même peut-être par ses allures dédaigneuses, — et en cela elle est blâmable.

En comparant son existence à la vôtre, vous vous sentez humiliés ; vous vous croyez victimes ; vous êtes convaincus que les lois d'équité sont violées à votre préjudice.

Et partant de là, vous avez tiré les conséquences extrêmes ; vous vous êtes naïvement dit qu'il fallait mettre un terme à de si choquantes inégalités et établir un ordre social nouveau qui assimilât au plus vite votre condition à celle de ces privilégiés qui sont vos concitoyens.

Les docteurs de votre science et de votre foi vous ont persuadé que ce sont là pour vous un droit et un devoir, et que vous pouvez légitimement vous emparer de ces richesses, ou tout au moins les partager avec leurs possesseurs actuels.

Vous avez ajouté foi à ces paroles mensongères ; vous avez niaisement cru cette combinaison praticable et possible.

Vous n'avez pas vu, aveugles que vous êtes, que c'est là une irréalisable chimère ; qu'entre ces personnages qui excitent votre envie et vous, il y a, sans que cela soit apparent, d'immenses et incommensurables distances, de grandes étendues de territoire, des provinces entières, des royaumes et des empires, des océans.

Vous n'avez pas compris que la France entière et les contrées étrangères sont tributaires de cette aristocratie qui, en venant habiter au milieu de vous, vous associe à ses priviléges et partage avec vous ses droits seigneuriaux.

Vous ne vous êtes pas rendu compte de ce fait, bien évident cependant, que le jour où vous lui porteriez atteinte, c'est vous-même que vous frapperiez.

Et vous commettriez alors la même folie que les domestiques de l'hôtellerie dont nous parlions en commençant.

C'est encore l'histoire de l'homme à la poule aux œufs d'or que vous voudriez renouveler.

Vous rappelez-vous ce vieil apologue ?

Un pauvre insensé possédait une poule miraculeuse qui, tous les jours de l'année, pondait un œuf d'or. C'était là une rente quotidienne, et des plus précieuses, qu'elle assurait à son maître qui trouva cependant le rendement trop lent.

Dans son impatience, il voulut capitaliser du coup son revenu et tout réaliser à la fois.

Il éventra la poule, comptant trouver dans ses flancs d'immenses trésors.

Qu'advint-il ? Tout fut perdu à la fois, capital et rente, et il fut réduit à la misère.

Votre illusion est la même, et pareille déception serait au bout.

Oh! sans contredit, votre condition doit vous paraître amère, lorsque vous la comparez à celle de ces riches qui ont élu domicile auprès de vous, et le contraste prête à de tristes réflexions. Mais veuillez observer que tous ces privilégiés de la fortune, venus des quatre coins de la France et de tous les points du globe, ne sont qu'une rare exception et une infime minorité au milieu du pays.

Placez-vous à un autre point de vue. Tournez vos regards d'un autre côté et portez-les plus au loin.

Voyez comment les choses se passent ailleurs. Voyez quelle est la manière de vivre de la généralité et les conditions d'existence que la Providence a assignées à la masse de la population, même dans notre France qui, parmi les autres nations, est encore la plus favorisée.

Vous devrez reconnaître, après cette dernière comparaison, que, vous aussi, vous êtes des privilégiés et que vous avez dans les biens de ce monde une part bien au-dessus de la moyenne.

La question vue d'en bas a un tout autre aspect que considérée d'en haut. Force vous sera d'en convenir.

Pour bien établir ce nouveau parallèle, on ne saurait entrer dans des détails trop circonstanciés ; on ne saurait trop préciser et trop approfondir. Il faut descendre presqu'aux derniers terre-à-terre.

Dans cet ordre d'idées, la première question c'est l'alimentation. Pour notre humanité, c'est la condition essentielle et dominante.

Le premier et l'indispensable élément de l'alimentation, c'est le pain.

Sur ce point, un premier privilége à constater à votre avantage : Vous mangez tous les jours du pain de froment, de bon pain blanc. Dans l'enceinte de Paris, il ne s'en consomme pas d'autre. Riches et pauvres sont à cet égard sur le pied de l'égalité.

Et n'allez pas rire ni hausser les épaules. La question a une gravité que vous auriez tort de méconnaître.

Elle est des plus sérieuses pour une moitié de la France où l'on n'a que du pain de seigle, du pain noir.

C'est là la pitance de tous les jours, et votre pain quotidien est un régal exceptionnel pour les autres. On le réserve pour les jours de fête.

Et toutes les révolutions du monde, toutes les réformes politiques et sociales ne pourront changer cela.

Car, dans ces régions déshéritées, le sol se refuse à produire d'autres grains que le seigle, l'avoine et le sarrasin.

Le seul remède, c'est l'amélioration des cultures ; c'est l'emploi des procédés perfectionnés, des amendements, des profonds labours.

C'est, en un mot, le progrès agricole.

Progrès qui suit régulièrement son cours, et sous tous les régimes, — pourvu, toutefois, que vous ne veniez pas l'entraver, — et à condition que les calamités publiques ne viennent pas l'enrayer.

Progrès d'autant plus rapide que les temps

sont plus calmes, et dont les crises démagogiques sont le plus grand écueil.

Voilà pour le pain.

Pour la viande et le vin, ces autres bases essentielles de l'alimentation, les inégalités dans la répartition sont encore plus saillantes, — et cela à votre profit.

On connaît approximativement les chiffres de la consommation générale de la France.

On sait avec précision la part qui entre dans le cercle de l'octroi de Paris.

De la comparaison il résulte que vous avez double et triple ration, décuple même à l'endroit des esprits, liqueurs et autres breuvages alcooliques.

Ce n'est qu'accidentellement et de loin en loin que l'on mange, dans les campagnes, de la viande fraîche ; et dans les départements où la vigne n'est pas cultivée, l'usage du vin est une exception réservée pour les solennités, ou pour les grandes corvées de la moisson.

La consommation générale de Paris est hors de proportion avec la consommation moyenne des régions rurales, et dans la sous-répartition qui se fait à l'intérieur des murs d'enceinte, vous n'avez pas à vous plaindre.

Si les classes riches ont en partage les meilleures qualités, vous trouvez une compensation dans la quantité, à l'endroit surtout des boissons fermentées.

Ces classes sont sobres, tempérantes d'ordinaire. Elles vous donnent là un exemple que beaucoup d'entre vous devraient suivre ; et il serait bien à désirer que l'égalité s'établît sur ce point.

Sur le chapitre de l'alimentation, vous n'êtes pas maltraités. Vous êtes plus favorisés du moins qu'on ne l'est sur les autres points du pays, et votre condition est bien préférable à celle que la force des choses fait au reste de la population française.

Il y a sans contredit de grands progrès à réaliser, d'importantes améliorations à demander à l'avenir.

Mais ce n'est pas en se disputant violemment, en arrachant au prochain les lambeaux de la production actuelle, que ce but si désirable pourra être atteint.

Ce déplorable antagonisme n'aurait même pour effet que de diminuer le total de cette production et de réduire la part de chacun.

C'est une autre voie qu'il faut suivre, et une direction contraire qu'il faut prendre.

Le plus sûr, le seul moyen d'aboutir, c'est d'activer le progrès ; c'est de mieux utiliser les forces ; c'est de perfectionner les mécanismes et instruments que la science moderne a mis à la disposition du travail ; c'est de faire que de nouvelles richesses sortent du sol.

La masse des produits sera alors plus considérable et plus précieuse, et tous seront enrichis sans que personne soit lésé.

Mais revenons au sujet. Voilà pour le vivre ; parlons du couvert.

Le couvert, c'est-à-dire l'habitation et le vêtement.

Sur cet autre point encore, pourriez-vous contester que vous êtes bien au-dessus du niveau moyen et que vous constituez une aristocratie au milieu du pays ?

Vous ne savez donc pas comme on vit au village !

N'avez-vous jamais visité ces rustiques agglomérations de chaumières et de masures où les habitations confortables sont une rare exception ?

Là vivent pêle-mêle les hommes et les animaux domestiques ; les femmes et les troupeaux, les enfants, les porcs et la volaille ; et, au premier aspect, on dirait que l'espèce humaine est la moins favorisée.

Elle a l'air souffreteux et amaigri, vis-à-vis des races bovines, ovines et porcines qui présentent au contraire l'extérieur de la vigueur et de la santé.

N'en déplaise aux paysagistes, le tableau n'est pas souriant ; il respire la tristesse et l'ennui, et sinon la misère, du moins les privations et l'insuffisance du bien-être.

Si vous arrivez la nuit, après le coucher du soleil, aux dernières lueurs du crépuscule, il vous sera difficile de vous guider dans ce dédale de ruelles tortueuses, étroites, malpropres, qui cumulent les fonctions de réseau de viabilité et le rôle de dépôt de fumiers. C'est à peine si vous verrez, à travers quelque fenêtre enfumée, la douteuse lueur d'une lampe huileuse.

Tout dort, bêtes et gens, à l'exception peut-être de quelques maraudeurs qui, de concert avec les bêtes sauvages et malfaisantes, se livrent à leurs déprédations nocturnes.

Le silence est absolu, le sommeil général ; et il le faut bien, car aux premiers rayons du jour, chacun doit être à son poste sur le champ de travail et debout jusqu'à la nuit.

Il n'y a de suspension que pour les repas et pour laisser reposer les bêtes.

Pendant les grandes chaleurs de l'été, lors de la moisson, lors de la fauchaison, on se donne le luxe d'une sieste de quelques instants, à l'ombre des arbres les plus proches, pourvu toutefois que le temps ne menace pas et que le beau fixe soit bien assuré.

Femmes, enfants, vieillards, tous prennent part à ces rudes labeurs.

Les femmes ne quittent l'atelier que pour aller préparer et chercher les vivres.

Et quels vivres, bon Dieu !

Ah ! citoyens démocrates des grandes villes, pour vous convaincre de ce fait que vous êtes des privilégiés, il suffirait de vous soumettre pendant une quinzaine à ce régime ; de vous condamner momentanément à cet ordinaire digne de tout le reste, de l'habitation, des vêtements, du mobilier, de la literie, etc., etc.

Au bout de ce temps, vous seriez convaincus. Après cette épreuve vous trouveriez moins invraisemblable une vieille légende qui court le pays, et que les anciens racontent ainsi :

Trois jeunes pâtres, profitant du sommeil des troupeaux confiés à leur garde, s'étaient réunis et causaient ensemble.

Donnant libre cours à leur imagination, ils faisaient des rêves de bonheur, de romanesques projets dans le cercle de leur horizon.

La gourmandise était leur premier objectif.

— Si j'étais riche, très riche, dit le premier, il faudrait qu'on me servît tout les jours une bonne tranche de lard aux choux.

— Moi, dit le second, je voudrais une bonne soupe au fromage.

Et quand ce fut le tour du troisième, — Que voulez-vous que je choisisse, fit-il tristement, maintenant que vous avez pris tout ce qu'il y a de bon.

La fable est ancienne et n'a plus de vraisemblance aujourd'hui.

Le progrès a suivi son cours en toutes choses, et une pareille ignorance en matière gastronomique serait introuvable, même dans les bourgades les plus reculées.

Cependant ce sont bien des friandises de ce genre qui font encore le régal de nos populations rurales, qui composent le menu des repas, des bons repas champêtres.

Et par contre, du travail tous les jours, sans

trêve ni grève ; du travail, de l'aurore au crépuscule et du lundi matin au samedi soir.

Le dimanche, le bienvenu dimanche fait seul relâche à ces pénibles labeurs, à cette lutte incessante de l'homme avec le sol.

Dans tout le cours de l'année, c'est toujours le même roulement, toujours la même monotonie. Pas une diversion, pas une distraction à l'extérieur, à l'exception de quelques fêtes patronales ; à l'exception de quelques saltimbanques forains que l'on peut aller voir et admirer, lors des grandes foires de la ville voisine.

C'est là la manière de vivre des trois quarts de la France.

Dans les grandes villes et surtout à Paris, les agréables passe-temps, les divertissements de tout genre surabondent. C'est un attrayant plaisir que de parcourir ces belles avenues, ces squares, ces jardins enchantés, ces brillants boulevards où les merveilles de l'art luttent avec les beautés de la nature.

C'est une jouissance inépuisable que de visiter ces collections artistiques et scientifiques ; ces galeries de tableaux et de statues ; ces musées de tout genre gratuitement ouverts à tous. Les plus délicats, les plus raffinés y trouvent un charme sans cesse renaissant. On vient du plus loin et à grands frais pour les admirer.

La voie publique elle-même constitue presque partout un intéressant spectacle.

Quiconque n'est pas abruti par l'épaisse ignorance, ou par l'ivrognerie plus dégradante encore, trouve là une inépuisable source d'agréables émotions.

Dans les contrées rurales, rien de tout cela.

Les besoins de l'existence matérielle réduite à sa plus simple expression, les nécessités de la vie bestiale y absorbent presque toutes les préoccupations.

La belle nature est l'ennemi contre lequel il faut incessamment lutter ; car à sa production spontanée il faut substituer une production artificielle plus féconde et plus nutritive.

Les questions de labour, de défoncement, d'engrais liquides ou solides, d'élevage, d'alimentation des bêtes, la peur des gelées tardives, la terreur des orages qui en une heure viennent détruire et anéantir le travail de toute une année ; la crainte des invasions épidémiques qui s'en prennent tantôt au règne végétal, tantôt aux animaux ; dans quelques contrées, la lutte avec les loups, renards, sangliers et autres bêtes de rapine ; telles sont les émotions diverses qui occupent tous les esprits.

Et il faut en convenir, il n'y a dans tout cela

rien de bien séduisant. Aussi, presque partout, l'attrait traditionnel du sol natal est battu en brèche et ne peut lutter contre les séductions du séjour dans les villes.

La désertion prend des proportions inquiétantes. Dans quelques contrées notamment, l'émigration est telle que, si le courant ne s'arrêtait, elle arriverait à une véritable dépopulation. Les attaches de la propriété peuvent seules enrayer ce courant. Et dans le peuple, c'est l'élite, ce sont les jeunes gens les plus actifs et les plus éclairés, les jeunes filles les plus intelligentes et les plus belles qui donnent l'exemple et l'impulsion.

Les jeunes filles les plus belles ! Il y a dans ce fait une bien triste révélation qui n'a pas besoin de commentaires.

L'aspect de ces masses populaires n'a rien de bien souriant. Il serait plus sombre et plus navrant encore le jour où il serait entièrement privé du rayonnement de la beauté féminine.

Et c'est là que tend ce mouvement exagéré de concentration et de centralisation qui écrème tout et qui ne laisse que des rebuts à la généralité.

* * *

Telles sont les conditions faites à la majorité de la population.

C'est là l'existence qu'il vous faudrait partager, citoyens, le jour où vos projets de réforme seraient sérieusement mis en pratique.

C'est au secours de ces braves gens qu'il faut aller tout d'abord.

C'est là que doivent se porter les premiers efforts et se donner les premiers soulagements.

Il faut ramener au village la vitalité qui s'en va.

Il faut prêter assistance à ces hommes trop surchargés.

Et ce n'est même pas là le seul but à atteindre. Il est un second point tout aussi important, et plus peut-être.

Le travail effectué par ces ruraux est non-seulement utile, mais indispensable. Leur besogne a, si l'on peut s'exprimer ainsi, un caractère sacré, car c'est l'alimentation publique qu'elle produit.

Cette alimentation est-elle actuellement suffisante? Vous avez mille fois, et en toute occasion, affirmé, crié bruyamment le contraire, et non sans raison.

Il importe d'accroître ces ressources et de leur donner un nouveau développement. Et pour cela, il n'y a évidemment qu'un moyen : ajouter une nouvelle somme de travail au travail actuel; augmenter l'effectif des cultivateurs; leur adjoindre de nouveaux bras; organiser une nouvelle armée agricole, une armée de secours.

Et où trouver ces nouveaux renforts?

Nécessairement dans les rangs des industries de luxe, dans les commerces touchant au superflu, dans les métiers d'une utilité contestable.

De sorte qu'en définitive, pour résoudre le double problème posé, il faudrait :

Primo. — Pour soulager l'agriculture actuelle dans sa lourde tâche, l'adjonction d'un nouveau personnel de deux à trois millions de travailleurs, chiffre qui correspond à peu près à la diminution d'une heure de travail, décrétée par le Gouvernement Provisoire de 1848.

Secundo. — Pour accroître la production agricole et assurer l'alimentation générale dans des conditions plus larges, versement d'un autre contingent d'un nombre au moins égal.

Le tout pris dans les industries licenciées.

Telles sont les rigoureuses extrémités auxquelles il faudrait fatalement en venir. Telle est, en définitive, la formule exacte et pratique du radicalisme, du radicalisme qui voudrait sérieusement réaliser son programme et aboutir par une nouvelle répartition des fortunes à l'amélioration du bien-être des masses.

Il n'y a pas d'autres issues. Cela est d'une exactitude mathématique et presque niais à force d'évidence.

Insister davantage serait vous faire insulte, car ce serait supposer que vous êtes des imbéciles incapables de comprendre les vérités les plus élémentaires.

Et si, parmi vos prétendus amis, il en était qui osassent soutenir le contraire, traitez-les hardiment et à coup sûr d'imposteurs.

Ces hommes, dans leurs perfides conseils, vous montrent dans le lointain une terre promise de délices et de félicité.

Mirage trompeur. C'est une vallée de souffrances et de larmes que vous trouveriez au bout, si vous commettiez la folie de les suivre.

Ne croyez pas à leurs mensonges et résistez à leurs suggestions. Il y va de votre intérêt et du leur.

Du vôtre, car la plus cruelle déception serait le châtiment de votre sotte crédulité.

Du leur, car le jour où vous auriez compris la mystification et reconnu à vos dépens l'imposture, vous leur en demanderiez un compte sévère.

Vous leur infligeriez un châtiment mérité et les traiteriez tout au moins comme les marmitons de notre fable.

Aurillac. -- Imp. H. Gentot.

www.ingramcontent.com/pod-product-compliance
Lightning Source LLC
Chambersburg PA
CBHW070523100426
42743CB00010B/1932